李圃 著

汉语学习者交际策略
调查研究

新疆大学 出版社

图书在版编目(CIP)数据

汉语学习者交际策略调查研究/李圃著.--乌鲁木齐：
新疆大学出版社,2021.12(2024.1重印)
　ISBN 978-7-5631-3043-6

　Ⅰ.①汉… Ⅱ.①李… Ⅲ.①汉语—对外汉语教学—
教学研究 Ⅳ.①H195.3

中国版本图书馆CIP数据核字(2021)第265171号

责任编辑 康鹏旭 周丽瑗
责任校对 王春云
书籍设计 王 洋

汉语学习者交际策略调查研究
HANYU XUEXIZHE JIAOJI CELÜE DIAOCHA YANJIU

李 圃 著

出版发行 新疆大学出版社
地　　址 乌鲁木齐市胜利路666号 邮编:830046
网　　址 http://cbs.xju.cn/
电　　话 0991-8582431 0991-8582182
经　　销 新疆新华书店发行有限责任公司
印　　刷 三河市金兆印刷装订有限公司
版　　次 2021年12月第1版
印　　次 2024年1月第2次印刷
开　　本 880 mm×1230 mm 1/32
印　　张 9
字　　数 200千字
定　　价 58.00元

目　录

目
录

绪　论

一、写作意图、主要内容及材料来源

《汉语学习者交际策略调查研究》，是2012年教育部人文社科研究项目"不同环境下的汉语学习者汉语交际策略研究"的最终成果。该项目采用目前较为先进的调查手段和实证性的研究方法，选取较为典型的汉语学习者，对汉语学习者交际策略的使用情况及其规律进行了全面而系统的调查研究，得出了较为科学可信的研究结论。

本书主要涉及以下内容：

第二语言交际策略研究述评、汉语学习者话题兴趣调查、汉语学习者交际策略调查、不同环境下的汉语学习者交际策略对比研究、汉语学习者交际策略的影响因素研究、交际策略与汉语口语教学等。重点是"不同环境下的汉语学习者汉语交际策略对比研究"和"汉语学习者汉语交际策略的影响因素"两部分。

第二语言的交际能力一直以来都是第二语言教学的热门话题。第二语言的交际能力要受到多种因素的影响。学习者对交际策略的使用也是影响交际能力的因素之一。交际策略指"某人完成特定交际目的中遇到困难无法解决时采用的潜意识计划"(Faerch & Kasper 1983)。

围绕着汉语学习者交际策略,作者试图解决以下问题:

1.关于交际策略使用的一般规律。汉语学习者交际策略使用的一般规律是什么? 是否与学习者的文化背景有关? 来自不同文化背景、话题兴趣不同的学习者是否仍然遵循同样的使用规律呢?

2.关于不同环境下的汉语学习者交际策略的对比。作者长期以来从事国内少数民族的汉语教学,教学对象以维吾尔族学生为主;前几年又受国家汉语国际推广领导小组办公室(国家汉办)的派遣,赴埃及从事为期两年的汉语教学。上述两种汉语教学分别处于不同的语言环境:目的语环境和母语环境。在这两种不同的语言环境下,汉语学习者的汉语交际策略是否会有显著的差异呢? 若有,具体表现又如何呢? 相应地,我们的语言教学大纲、教学原则乃至教材、教学法是否应该体现出这种不同呢?

3.关于交际策略的影响因素。学界普遍认为,交际策略是交际能力的一部分,交际策略使用能力的提高直接有助于交际能力的提高。而交际策略是可以训练和培养的。那么,交际策略的影响因素到底包括哪些? 其影响的程度如何? 哪些因素在汉语作为第二语言教学中确实能起到应有的作用? 这些都是本课题意欲解决的问题。

4.关于交际策略应用于汉语口语教学。交际策略培训是否真正有效? 应如何把"交际策略培训"纳入汉语教学,使其成为汉语教学的一个有机组成部分(即教语言的同时也传授语言交际的策略)？策略培训从何处着手,应遵循什么原则？策略培训的具体模式及方法是什么？

相信读完此书,读者一定能得到一个圆满的答案。

本书数据均来源于作者及课题组成员的一线调研,保证真实可靠。调查对象涉及国内和国外两种类型的学习者,国内既涉及外国留学生,又涉及少数民族学生,国外则涉及了埃及汉语学习者。

二、学术价值及应用价值

在全球普遍兴起"汉语热"的国际形势下,越来越多的汉语教师走出国门,将汉语和汉文化送出去,在外语环境下,如何又快又好地教给学习者基本的汉语交际技能,如何迅速有效地提高他们的汉语交际能力成为新时期的新课题。另一方面,在国内,除了一直都存在的大量外国留学生,国家对为数众多的少数民族的汉语水平也提出了新的要求,与以往的 HSK 相比,MHK 增加了对汉语口语和写作的测试,其中口语要采用人机对话形式。因此国内的汉语教学界也亟需在二语环境下提高汉语交际能力的良策。

"汉语学习者交际策略调查研究"将对汉语口语课的教学提出可行性建议,从而有效提高汉语学习者的口语能力。

本课题对二语环境和外语环境下的汉语交际策略都有涉及,而且作了系统对比,因此对于两种环境下的汉语教学都有参考价值,尤其是对其中的口语和听力教学有直接的参考价值,对于其他教学也有一定的借鉴价值。

三、创新性、先进性、特色性

国外交际策略的相关研究始于20世纪70年代。但90年代"交际策略研究在我国相对来说还是一个空白"（戴炜栋，束定芳，1994）。国内的研究开始于90年代以后，而且主要集中在外语教学界对英语学习者的交际策略的讨论上。

近年外语界有几本相关著作面世，但都限于英语作为第二语言学习者，且基本都是国内母语环境下，具体如下：

1. 孙杰著《基于语料库的英语口试交际策略运用研究》（2014年西南交通大学出版社出版）；

2. 郭继东著《中国EFL学习者过渡语交际策略研究（英文版）》（2012年国防工业出版社出版）；

3. 陈龙著《中国学生英语交际中的词汇策略》（2014年暨南大学出版社出版）；

4. 张荔著《交际策略研究及应用（英文版）》（2008年上海交通大学出版社出版）。

汉语教学界国内的研究少而零散，才刚刚起步。目前，国内有关汉语交际策略方面的系统研究非常罕见。本课题在国内同领域有一定创新性。

此外，国内尚无人对不同环境下（目的语环境和母语环境）的汉语学习者的交际策略进行过系统的比较研究，因此该成果在同领域有一定的先进性。

第一章 使用的理论及国内外交际策略研究综述

一、使用的理论

什么是交际策略？在给出定义之前，笔者先说几个例子。

例1：向上伸大拇指，表示赞扬，赞赏，顶呱呱；向下伸大拇指，表示向下，下面，或者鄙视，垃圾的意思，这是运用非语言策略。

例2：如"花瓶"一词，学生临时想不起来怎么表述，会说成"用于插花的瓶子"，这是释义策略。

例3：留学生在餐馆吃饭时，"服务员"不知道怎么叫，会直接喊出"waiter"，这是母语策略。

例4：日本留学生汉语说得不利索，会将"你是干什么的"说成"干啥"，这是减缩。

例5：学生表达"交心"一词，会表述成"交流心"这个生造词，这是目的语策略。

以上这些都是日常生活中通过使用交际策略从而达到交际目的，最终顺利完成交际任务的几个极好的例子。

（一）交际策略的概念

1. 交际策略的定义

交际策略的定义一直是学者们争论不休的话题。由于交际策略本身的复杂性,想给交际策略下个确切的定义很难,但在多年的研究中,不同的学者根据各自的理论基础和研究内容给交际策略下过各种各样的定义。总的来说,主要从传统语言学、心理语言学、认知语言学和交际问题来源等四个角度下了定义。具体定义如表1所示:

表1　具有代表性的交际策略定义分类表

定义角度	提出者	定义
传统语言学角度	Corder (1977)	交际策略是说话者在表达意义遇到某种困难时所采用的系统化的技巧。[1]
	Bialystok (1990)	交际策略是交际者为解决二语或外语交际中的困难而有目的和有意识地采取的策略。[2]
心理语言学角度	Faerch &Kasper (1983)	交际策略是某人完成特定交际目的遇到困难无法解决时采用的潜意识计划。[3]
认知语言学角度	Nunan (2001)	交际策略是学习者在交际过程中潜在的心理认知的调节过程。[4]
交际问题来源角度	Lafford (2004)	第二语言学习者有意识地运用的交际策略是为了克服能察觉到的交际空白,而这些交际空白可能是由于第二语言学习者目的语知识缺乏引起的,也可能源于自己的语言表达或者来自谈话者。[5]

注释：1.Corder, P.Simple Codes and Source of the Second Language Learner's Initial Heuristic Hypothesis[J].Studies in Second Language Acquisition, 1977, 1-10.

2.Bialystok E.Communication Strategies[M]. Ox-ford：Blackwell, 1990.

3.Farech & Kasper. Strategies in Interlanguage Communication[M].London：Longman Pub Group, 1983.

4.Nunan, D. Second Language Teaching and Learning[M].北京：外语教学与研究出版社, 2001.

5.Lafford, B.A.The Effect of the Context of Learning on the Use of Communication Strategies by Learners of Spanish as a Second Language [J].Studies in SLA, 2004(26)：201-225.

2. 学习策略的定义

交际策略和学习策略这两个术语极易混淆,它们既有联系,又有区别。学习策略是语言研究中的一个重要内容。国内外学者依据各自的认识,给出了几种代表性的定义,详见表2。

表2　具有代表性的学习策略定义分类表

提出者	定义
Rubin(1987)	学习策略是促进学习者正在建构的语言体系的发展,并直接作用于学习的策略。[6]
Oxford(1989)	学习策略是学习者为了使语言学习更为有效、更为自主、更为有趣而采取的行为或行动。[7]
Ellis(1994)	学习策略是学习者用于发展中介语的手段或步骤。[8]
文秋芳(2000)	学习策略是"为有效学习所采取的措施"。[9]

注释:6.Rubin, J. Study of Cognitive Processes in Second Language Learning [J].Applied Linguistics, 1987(2):117-131.

7. Oxford, R. L & Nyikos, M. Variables Affecting Choice of Language Learning Strategies by University Students [J]. Modern Language Journal, 1989(2).

8.Ellis, R. The Study of Second Language Acquisitian [M], Oxford: Oxford University Press, 1994.

9.文秋芳.英语学习策略论[M].上海:上海外语教育出版社,2000.

学习策略的定义较多,笔者认为以文秋芳(2000)的定义最为精简准确,该定义强调两点:第一,使用策略的目的在于提高学习效率;第二,策略的实质是学习者的行动而不是想法。这也是目前引用广泛、认可度高的定义。

3. 交际策略与学习策略的联系与区别

学习策略(LS)包含交际策略(CS)。Rubin(1981)认为学习策略的四大类是:认知学习策略、元认知学习策略、交际策略和社交策略。学习策略中的前两种策略能直接影响学习者语言系统的发展,后两种策略则是间接影响。交际策略是学习策略的一部分。Rubin(1981)所列的关系图如图1所示:

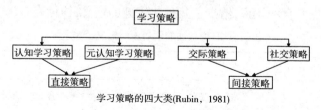

学习策略的四大类(Rubin,1981)

图1　学习策略与交际策略的关系

两者的区别在于:学习策略具有长期性、技能性、稳定性和直接性;交际策略的特点则是暂时性的、技巧性的、冒险性的和间接性的。学习策略贯穿于整个语言学习过程中,它反映出学习的一般规律,侧重于学习的方法、途径和策略;交际策略则多用于口语交际,在交际者的对话陷入僵局时起重要作用,有助于交际者顺利完成交际任务,提高了交际水平。

(二)交际策略的分类

由于交际策略的判定标准不一样,其分类也各不相同。具有代表性的分类是以下五种:

1. Tarone(1981)的交际策略分类

Tarone(1981)将交际策略划分为:转述、借用、求助、手势语和回避五类,这种分类模式被称为社会交互策略模式。这种分类简洁明了,一目了然。研究此分类将有利于培养学生的汉语交际策略能力。具体分类见图2:

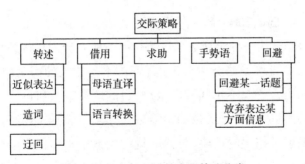

图2 Tarone(1981)的交际策略分类

2. Bialystok(1990)的交际策略分类

Bialystok（1990）将交际策略分为省略策略和求成策略。求成策略分为合作性策略和非合作性策略。非合作性策略中的语言性策略则可以分成两类：一类是以母语为基础的策略，分为语码转换、外语化和母语直译；另一类是以目的语为基础的策略，分为语义替代、描述和创造新词。具体分类如图3所示：

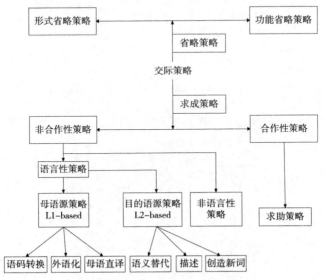

图3 Bialystok(1990)的交际策略分类

3. Lafford(2004)的交际策略类型

Lafford从一种全新的角度将交际策略划分为直接策略和互动策略。直接策略分为：和语言资源不足相关的策略（母语策略）、和语言资源不足相关的策略（目的语策略）、和自我语言表现相关的策略（母语或目的语策略）三类。互动策略分为：和语言资源不足相关的策略（母语或目的语策略）、和自我语言表现相关的策略（母语或目的语策略）、其他和语言表现问题相关的策略三类。具体分类见表3：

表3　Lafford(2004)的交际策略分类

类型		分类	再次划分
交际策略	1.直接策略	1. 和语言资源不足相关的策略——母语策略	①语码转换 ②外语化 ③直译
		2. 和语言资源不足相关的策略——目的语策略	①近似表达 ②用相关同源词 ③运用所有有用的词语 ④运用发音近似的单词 ⑤造词 ⑥遗漏 ⑦迂回 ⑧重组 ⑨放弃内容
		3. 和自我语言表现相关的策略——母语或目的语策略	①自我修正 ②检索 ③自我重复
	2.互动策略	1. 和语言资源不足相关的策略——母语或目的语策略	①直接求助 ②间接求助
		2. 和自我语言表现相关的策略——母语或目的语策略	①理解性检查 ②准确性检查
		3. 其他和语言表现问题相关的策略	①表示不明白 ②要求确认或者重复 ③要求肯定 ④证实答案 ⑤改变答案 ⑥修正答案 ⑦重复答案

4. 张荔(2008)的交际策略类型

张荔通过研究和分析,将交际策略分为四大类:回避策略、成就策略、拖延策略和交互策略。其后又进一步细分:回避策略包括主题回避、信息放弃和形式减缩;成就策略包括弥补策略和获取策略;概念策略则分为整体性策略和分析性策略。关系图如图4所示:

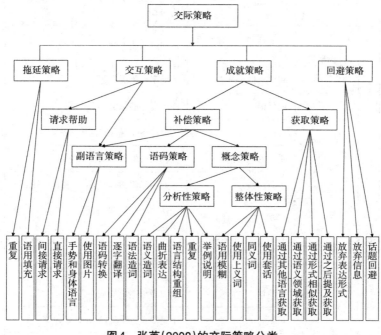

图4 张荔(2008)的交际策略分类

5. Fraech & Kasper(1983)的交际策略分类

Fraech & Kasper(1983)运用心理语言学方法来研究将交际策略分为两大类:一是减缩策略,即逃避问题,包括对交际目标的放弃;二是成就策略,是学习者为达到交际目的而采用的补救措施,这种分类也被称为心理策略模式。具体分类如表4所示:

表4 Fraech & Kasper(1983)的交际策略分类

类型		分类	解释
减缩策略	形式减缩	回避话题	直接放弃
		个别词代整句	不知道语法规则只说出单个的词
	功能减缩	转换话题	放弃前一话题转向另一话题
		答非所问	逃避问题,有意或无意做与问题无关的回答
成就策略	合作策略	直接询问——让对方重复	询问对方或老师
		间接求助——查字典	求助字典解决问题
	母语或外语策略	说母语	使用自己的母语
		直译	把母语逐字翻译成汉语
		说对方的母语	使用对方的母语以让对方明白
		语码转换	时而用母语,时而用汉语或其他外语
	目的语策略	释义(迂回转述)	无法说出某词时对该事物进行适当地描述
		近义词或容易的词替换	使用近似或容易的表达法
		生造词	学习者编造出新词
		重组	不是简单的重复,而是话语重组
		书面语代替口语	用书面语的形式表达出来(包括写拼音、画画等)
	非语言策略	手势动作等体态语	用非言语行为来表达
	检索策略	停顿或套语	停顿一下,或使用套语
		猜测	利用上下文猜测

(三)使用的理论

目前,学习策略的研究硕果累累,然而,交际策略的研究仍显单薄。本书中交际策略的定义从传统语言学角度、心理语言学角度、认知语言学角度和交际问题来源角度四个方面都进行了划分。笔者认为,其中最为精简准确的交际策略概念是"某人完成特定交际目的遇到困难无法解决时采用的潜意识计划(Faerch &Kasper(1983))"。因此,这也是本书"交际策略"的含义。

本书介绍的交际策略的五种类别是交际策略研究中比较常见的分类。分类1中的Tarone是从交际功能的方法入手将其进行了较为详细的分类;分类2中的Bialystok则从母语和第二语言习得所用交际策略的差异方面进行了比较;分类3中的Lafford从一种全新的角度将交际策略划分为直接策略和互动策略;分类4中的张荔将交际策略重新划分为四大类;分类5中的Fraech & Kasper则运用心理语言学方法来研究。

笔者认为Farech & Kasper的分类相对比较完整合理,因为相比较其他几种分类的角度,它是基于学习者是有意识地回避问题还是主动寻找别的方法来解决问题这样两种心理过程,从而反映在他们外在言语行为中的表现,由此把试图回避问题时所采取的策略统称为减缩策略(又称消极策略),并细分为形式减缩和功能减缩两类,而把设法解决问题所采取的策略统称为成就策略(又称积极策略),并细分为合作策略、母语或外语策略、目的语策略、非语言策略和检索策略五类,因此笔者认为这种分类角度比较合理、全面,也更加科学,实用性强,正因如此,该分类也是目前引用最为广泛的分类方法。所以,本书主要也以 Farech & Kasper 的分类为论述依据。

二、国内外交际策略研究综述

学习语言的目的就是运用语言进行交际,因此,如何提高学生的交际能力成为教学的首要任务;交际策略是提高交际能力的重要手段之一,其运用也是第二语言习得中的必然过程。因此对国内外语言学习交际策略的研究一直是语言研究教学界一个至关重要的话题。

二语交际策略研究已有近40年的历史,相关成果对推动二语习得和应用语言学等学科的发展做出了重要贡献。但交际策略研究仍然不足,人们对相关问题的看法分歧较大。所以为了验证、核实以前的研究,从更加新颖、广阔的视角对二语交际策略进行探究,进行更加系统、科学的实证研究是非常必要的。本节从国外二语交际策略研究,国内外语界对交际策略的研究,我国对外汉语界关于交际策略的研究等角度,对近40年来交际策略的实证研究成果进行了系统的梳理式回顾,希望能对我国教学改革起到启迪作用。

(一)国内外交际策略研究概述

纵观国内外交际策略研究的发展历程,我们大致可画出这样一条脉络:

20世纪60年代,随着认知心理学的发展,人们逐渐认识到人的认知活动是一个思考问题和解决问题的复杂过程,在其影响下,研究者在对学习的研究中发现"优等学习者"和"劣等学习者"在学习过程中所采取的方法、策略不尽相同,有关学习策略和策略培训的研究、专著大量涌现，对交际策略的研究也应运而生。

20世纪70年代是交际策略研究的起始时期。1972年，Selinker在一篇关于中介语问题的论文中首次提出了"交际策略"这一术语，但对交际策略的内涵和外延没有做出明确的界定。1973年，Varadi在欧洲一次小型会议上对学习者的语言策略行为做了较为系统的分析，开始了对第二语言习得者交际策略的实证研究。虽然他的研究被许多研究者引用，但此成果直到1980年才发表，而此时Tarone(1977)和她的合作者(Tarone, Cohen & Duma, 1976)早已发表了他们的研究成果，第一次提出了交际策略的定义和分类，并指出学习者的个性特征、语言水平等因素会影响策略的选择，在此领域中产生了很大的影响。此后，对交际策略的研究进一步开展起来，如Piranian(1979)，Corder(1978)等。

20世纪80年代是交际策略研究的盛行时期，在此期间涌现出大量的论文和专著，交际策略理论不断丰富和完善。20世纪80年代初，在前人研究成果的基础上，Canale和Swain(1980)提出了颇具影响力的交际能力模式，阐述了交际能力的4个重要组成部分，即语法能力、话语能力、社会语言学能力和策略能力，其中策略能力就是交际策略能力。这对交际策略的研究产生了极大的推进作用，许多学者纷纷发表论文阐述观点。1983年，Faerch和Kasper搜集了Tarone, Varadi, Bialystok, Faerch & Kasper, Haastrup & Phillipson等人的论文，出版了关于交际策略的第一部专著——Strategies in Interlanguage Communication(《跨语言交际策略》)。此后的几年，学者们展开了对交际策略的界定、分类、可教性、影响策略使用的因素等问题的继续讨论，如

Bialystok（1984），Paribakht（1985）等。

值得一提的是20世纪80年代末，荷兰成为交际策略研究的中心。来自奈梅亨（Nijmegen）大学的学者们展开了大规模的、一系列被认为是最广泛的实证研究，称为Nijemgen Project。他们的研究使交际策略理论更加丰富和完善，对以往有关交际策略的分类也提出了挑战。这一系列研究成果在Kellerman，Bongaerts & Poulisse（1987）等发表的论文中有详细论述。

我国外语教学一直把培养学生的交际能力作为教学的主要目标。但20世纪90年代"交际策略研究在我国相对来说还是一个空白"（戴炜栋、束定芳，1994）。20世纪90年代，许多学者开始引进、介绍国外交际策略理论，如戴曼纯（1992）；戴炜栋、束定芳（1994）；束定芳、庄智象（1996）；王立非（2000）等。

有关中国学生交际策略能力的实证研究也已展开，据笔者所知就有：陈思（1990），高海虹（2000），谭雪梅、张承平（2002）等进行的有关交际策略使用的研究；王立非（2002），孔京京（2004，2006）等对交际策略培训的研究；张荔、王同顺（2005）对交际策略问卷信度和效度进行的研究等。所以，在我国对交际策略进行更广泛的研究是很有必要的。

目前，我国对外汉语教学界探讨交际策略的文章并不多。国内研究者们在努力钻研理论的同时，也愈加看重实证研究。如：洪丽芬（1997）探究了马来西亚汉语学生与教师的交际策略，这在研究留学生对汉语交际策略方面是最早的；刘颂浩（2002）从交际策略的角度分析口语水平；王若江（2003）通过一次汉语教学实践（2001年北京大学采用一对一授课形式为泰国诗琳通公主讲授为期一个月的中国语言文化课程），探讨其中涉及到对外汉语教学中交际策略的正负面作用以及与之相应的教学策略;吴勇毅、海坷(2006)探讨了留学生汉语口语交际策略;梁云、史王鑫磊(2010)对新疆师范大学少数民族理科实验班学生的交际策略情况进行了调查研究等。

目前国内外研究者们对交际策略的研究较多,但是,迄今为止的交际策略研究无论是在理论上还是实证上都有一定的局限性,包括理论上的分歧,实证结果的差异,因此交际策略的研究值得重新商榷。总的来说,汉语学习者的交际策略的研究较少,在探讨过程中发现国内尚无人对影响汉语学习者的交际策略的因素进行过系统的研究,国内的研究少而零散,迫切需要深入探讨。

(二)国内对第二语言交际策略的具体研究

1. 外语界对交际策略的研究

教育部2004年制定的《大学英语课程教学要求(试行)》明确规定,"大学英语教学的目标是……(培养学生)用英语有效地进行口头和书面的信息交流的能力……";要求学生"……能在交谈中使用基本的会话策略",可见,培养学生的交际策略能力是我国外语教学的重要目标。交际策略研究不但能帮助我们认识其本质特征,而且对我国外语教学中就如何提高学生的交际能力这一课题也具有深刻的现实意义。

(1)国内外语界对交际策略的研究现状

从20世纪90年代开始,我国外语教学界对交际策略的研究一直进行着积极地探索。他们先是对当代国外外语教学理论界在这方面的主要研究成果进行较为详尽的介绍和评价,然后,根据我国外语教学界特别是英语教学的实践经验不断总结创新理论成果。

在这方面具有代表性的是：

我国最早具有影响力的交际策略研究成果是陈思箐1990年发表在国际杂志 Language Learning 上的"A study of communication strategies in interlanguage production by Chinese EFL learners"。作者研究了12名英语专业学生使用的交际策略与他们的语言水平和交际能力之间的关系，并从大纲设计、语言测试、课程编制和教学法等方面提出了建议。策略能力的培养应该成为外语教学的目标之一，在口语测试中，可以把交际策略的质与量作为考察交际能力的一个方面，把学生与操本族语者的谈话作为课程的常规部分，在课堂上讲授交际策略的使用。

束定芳、庄智象(1996)在《现代外语教学—理论、实践与方法》一书中，详细介绍了国外交际策略研究的一些成果并进行了独特的分析评价。

王立非(2000)发表了一篇国外第二语言得交际策略研究的述评，文章旨在探讨交际策略的界定和分类，评述国外交际策略研究的现状，指出交际策略对交际能力的培养和外语教学具有重要意义。

谭雪梅、张承平(2002)联名发表论文，报告了他们对90名中国非英语专业学生进行有关交际策略使用情况的问卷调查结果。学生普遍认为成功的交流就是靠语言能力，而没有意识到英语交际中还有策略可以帮助他们。针对这种现象，作者提出必须采取一定的手段，有意识地培养学生运用交际策略，例如，提高策略意识，进行策略训练；提供运用交际策略的环境；克服交际中的心理障碍等。

(2)国内外语界交际策略研究进展不大的原因

多年来我国交际策略研究没有取得多少成果,其中的原因大致有两点:

第一,中国英语教学多年来偏重阅读与听力,这些方面的研究就多,而交际策略主要体现在口语交际活动中,虽然如今社会对学习者的口语能力有着越来越高的要求,但口语教学远没有占到与这种要求相适应的比重,教师对口语教学缺乏深入了解,特别是对交际策略的认识。

第二,中国的英语教学长期以教师为中心,重视的是教师如何教,因此教学法方面的研究就多。近年来,教学开始向以学生为中心的方向转移,探讨学生如何学习的学习策略研究也迅速发展起来。但学习语言与运用语言毕竟不是一回事,学生怎样运用语言,学生语言运用能力如何,特别是口语能力如何,还没有得到应有的重视。那么,作为与语言运用密切相关的交际策略,鲜有人顾及也是可以理解的了。

然而,随着整个社会对英语交际能力、特别是口语交际能力的日益重视,要求也愈来愈高,摆在英语教师面前的一项新任务就是如何提高学生的英语运用能力。而交际策略属于语言运用策略的一部分,运用交际策略可以帮助学生克服交流中遇到的障碍,提高交流的有效性。教会学生使用交际策略实际上就提高了他们的语言运用能力。交际策略的重要作用不容忽视,交际策略的教学与研究在国内将很快得到发展。

(3)国内外语界交际策略研究的必要性

尽管研究者对于交际策略是否需要训练存在分歧,但是无论从现实情况分析,还是从已有的实验结果来看,交际策略的训练都是有成效的。这一点对于中国的英语学习者来说,尤其如此。原因主要有以下几个方面:

第一,策略不仅适用于第二语言学习者,而且在本族语使用者中也大量存在,因此,这意味着对于成年学习者来说,他们都已经天然具备了策略能力。中国学生也并不缺乏英语交际策略,关键问题是他们没有意识到交际策略的存在,不知道它们的作用,因而不会去主动使用它们帮助交际,因此增加他们对交际策略的了解是非常必要的。

第二,学习者可以通过大量的第二语言交际活动,特别是通过真实情景下的交流或与操本族语者进行交流,逐渐达到能够自然应用交际策略的程度,就像儿童学习母语时使用交际策略一样自然。但是在中国的语言环境中,学生除去在正规的语言课堂学习英语之外,几乎没有使用英语进行交际的机会,因而他们的本族语交际策略自然迁移至英语的过程必然极其缓慢,因此进行专门的交际策略的训练可以加快学生灵活运用交际策略的速度。

第三,教材编写者在编写教材的时候,提高学习者的交际能力,往往要分析学习者在未来交际活动中的应用需求,但事实上学习者未来的需求多种多样,一两套教材很难满足。假如教给学生如何运用交际策略来帮助他们对付各种交际中遇到的困难,实际上就等于提高了他们的英语交际能力。

综上所述,重视交际策略的研究与教学,对于中国英语教师是十分必要的。鉴于国外对交际策略的研究已经比较成熟,建议国内的研究者能够直接借鉴现有成果,把研究重点放在如何在中国这样的语言环境下进行交际策略的教学与应用上。例如,在编写教材时考虑加入交际策略这部分的内容,在课堂教学中直接把交际策略的概念、分类、用法等都直接展示给学生,使学生不但掌握策略知识,而且经过训练,在遇到交际问题时能够有效运用这些策略。在口语考试中,可以通过交际策略的运用情况考察学生的语言运用能力,看一看在中国交际策略可以在多大程度上提高学生的口语能力,将是一件非常有趣而且有价值的事情。

2. 对外汉语界关于交际策略的研究

"汉语热"的持续升温,给对外汉语教学事业带来了空前的机遇和挑战。传统的外语或第二语言教学目标是"语言能力"(linguistic competence),即语言形式的正确性。从20世纪70年代开始,单纯的"语言能力"作为教学目标受到挑战,范围更广的"交际能力"(communicative competence)逐步成为当代对外汉语教学的主导目标。交际策略是语用能力的一种体现,它反映出语言使用者如何调动有限的准确性和适宜性知识达到交际的目的。

目前,国内对外汉语教学界专门研究交际策略的文章并不多,我国学者在努力探索理论研究的同时,也越来越重视实证研究。我国对外汉语界关于交际策略的研究根据他们研究角度的不同分为下面几个方面。

(1)国内对外汉语教学界对交际策略的研究

洪丽芬(1997)探讨了马来西亚汉语学生与教师的交际策略,基本上是一种分类研究,采用的是Farech&Kasper(1983)的框架。这篇文章是目前所能看到的专门研究留学生对外汉语交际策略方面最早的。

罗青松(1999)专门研究留学生学习汉语时所使用的回避策略,文中列举了回避策略的六种表现形式和七种使用回避策略的原因,她认为不加控制地使用回避策略只会对学生的学习过程产生负面影响,基于此,文章还提出了一些教学上的对策。

文中所指的回避策略范围比较广,有不少实际上应看作成就策略。

江新(2000)用国外流行的语言学习策略量表对外国留学生学习汉语的策略进行研究,探讨了性别、母语、学习时间、汉语水平等因素与留学生汉语学习策略使用的关系。该项研究的结论认为补偿策略和社交策略、元认知策略是留学生学习汉语最常用的策略,留学生汉语学习策略使用在性别上不存在显著差异,但在母语、学习时间上有显著差异,而且与汉语水平等级评定之间有显著的相关。

吴勇毅(2001)从学习策略的描述性研究和介入性研究两个方面介绍、分析和总结了国内汉语作为第二语言的学习策略研究。文中指明了汉语作为第二语言学习策略研究的步骤,值得研究者借鉴和思考。

刘颂浩(2002)主要探讨从交际策略的角度评定口语水平的可行性。文章采取图片描述任务,比较14名中国学生和59名留学生在17个信息点上的表现。结果发现,留学生口语水平越低,提到的信息点越少;留学生作为一个整体,他们提到的信息点显著低于中国学生。无论是在信息点的数量上还是在表达信息点的语言形式上,都没能发现可以用来评定口语水平等级的可靠标准,也就是说,用交际策略来简单评定口语水平不可行。笔者认为,这篇文章无论从研究角度还是研究方法上都有一定的创新之处。

徐子亮(2003)的研究调查了60名学汉语的外国人学习策略的使用情况。文章列出了最具普遍性的七种学习策略,其中,补偿策略、回避策略、借用母语的策略涉及交际策略这一方面。文中认为留学生使用的补偿策略有:利用上下文猜测意义、迂回表达、说中介语等;回避策略有:多用简单句少用复杂句、多用单句少用复句、多用常见词少用复杂词等情况。她还分别从认知的角度对这些策略出现的原因进行了详细地分析,我们认为,文中结合认知理论对具体策略的解释是非常有见地的。

王若江(2003)通过一次特殊目的汉语教学实践(2001年北京大学采用一对一授课形式,为泰国诗琳通公主讲授为期一个月的中国语言文化课程),就对外汉语教学提出了几个问题,其中涉及到交际策略的正负面作用以及与之相应的教学策略。

李丽丽(2005)就如何在对外汉语教学中培养学生的口语交际能力这一问题上提到交际策略的使用。文中认为,在培养留学生的口语交际能力的问题上要做到分段要求、有所侧重。在初级阶段,语法性、可接受性是要达到的基本要求,同时也可以鼓励学生借助一些交际策略(如非言语手段、减缩策略等)来完成语言交际。

海坷(2006)硕士研究生优秀毕业论文《留学生汉语口语交际策略研究》通过定量研究和定性分析相结合的方法对近百名留学生汉语口语交际策略的使用情况进行了调查分析。此项调查分群体和个体两个视角,描述留学生汉语习得过程中口头交际策略的表现形式、心理原因等,探究汉语水平、母语背景、认知风格等因素对留学生选择使用交际策略的影响。

杨宏(2009)通过对现有 BCT 试卷的考察和分析,论证了在教学和测试中如何更深入地教授和考查会话含意和交际策略,从而提高留学生汉语语用技能。

梁云、史王鑫磊(2010)以新疆师范大学少数民族理科实验班学生为研究对象,使用定量的方法对其交际策略及其各分策略使用的现状进行了调查,得出了初步结论。

(2)对外汉语教学界交际策略研究的方法

所采取的研究方法是：问卷调查、访谈以及会话实录。研究思路是通过两份问卷来调查群体视角下交际策略的使用情况，并通过有目的的访谈，完成一个由整体的"面"到个体的"点"这样的一个认识的过程。另外还对留学生之间以及留学生和中国人的谈话进行录音，从整理出的会话资料中分析出策略的使用情况。通过这些方法，试图完成从交际策略群的总体情况到某些具体的交际策略，从群体的学习者到个体的学习者这样的研究过程。

a. 对外汉语教学交际策略问卷

本研究所使用的交际策略问卷是在国内外学习策略和交际策略研究中所使用问卷的基础上，结合正式调查前所作的预测而制定的。为保证留学生对问卷的正确理解和问卷结果的科学性，请任课教师尽量在课堂上分发，并对不明白之处加以解释。

问卷共分两部分内容。第一部分是关于留学生基本情况的问题，要求学生填写自己的学习时间、参加 HSK 的情况以及对口语水平的自我评价。第二部分是多个题目，包含了多种交际策略的类型，要求学生根据个人的情况用5级分制为每一项打分，1表示"从不这样做"，2表示"一般不这样做"，3表示"有时候这样做"，4表示"一般这样做"，5表示"总是这样做"。并对被调查者对各项策略上的打分取平均值，根据 Oxford(1990) 的解释标准，这个平均值在 1.0～2.4 为低频值、2.5～3.4 为中频值、3.5～5.0 为高频值。我们把它制作成问卷，目的是便于统计总体情况。其中，这些问卷里的交际策略的类型是在 Fraech & Kasper 分类的基础上制定的。在正式调查前对这一分类和表现形式做了一定的补充。

b. 访谈

问卷调查能够为了解留学生使用汉语交际策略的情况提供一个大概的轮廓或者说是群体的视角,但是这对于进一步确认交际策略在使用中的类型,以及为留学生为什么使用此策略而非彼策略找出原因是不够的。因此,借助于访谈的形式。访谈的特点在于可以对调查各项目之间的交叉关系作比较全面地了解,重点突出且能抓住瞬间显示出来的特点进行深入的追寻和探求,可以做一般的调查表所不易做或难以体现出来的项目。

c. 会话实录

为了能够更深入细致地对交际策略的使用情况加以描述,并能够在个体的视角下为了解留学生使用交际策略的情况打开一扇窗,先后对10余名留学生和其他留学生,或与中国学生的谈话进行了近200分钟的录音,在一旁注意记录他们的非言语行为表现,在笔录以及输入电脑的过程中,为了呈现他们真实的语言面貌,不做任何改动。

d. 调查的数据统计与分析

对问卷调查的数据用 SPSS 统计软件进行处理。将问卷中的多种策略进行分类,分类调查每一类策略在初、中、高或一般、良、优三个水平的留学生中的使用情况。关于访谈与会话实录分析,选取典型的个案研究作为访谈与会话实录分析的例子。综合分析相应的数据,并整理得出相关结论。

三、影响交际策略使用的因素

我国在对外汉语教学中已发现和总结出了许多交际策略,但影响学习者选择交际策略的因素有哪些呢?

1. 学习者的语言水平

有一些策略对语言水平要求较高,而有些要求较低。但是,许多实验并没有发现交际策略的选择与语言水平有直接关系。实际上,交际策略的选择与其他因素都有关系。比如学生的性格。我们在对外汉语课堂上也可以看到日本同学不爱讲话,大部分人甚至不愿意尝试,而美国人又说得太多,他们总是用各种手段尽力传达自己的意思。交际策略的选择跟老师也有关系。如果课堂气氛比较宽松,学生就愿意多尝试,反之,学生在大部分时间里都会保持沉默。

2. 任务类型

在分析交际策略的过程中我们可能会使用不同的方法,让学生完成不同的任务,其中包括描述图画、翻译、完成句子、完成对话和采访等。不同的任务会影响学生选择不同的交际策略。我们不难想象一个人在自然环境中和在有压力的环境中所采用的策略是不同的。许多实验已经证明:同一个人在不同环境下完成同样的任务会采用迥异的策略。

3. 第一语言的影响

语言背景不同的被试者在选用交际策略时的不同,一直是我们需要研究的问题之一。我国向来讨论较多的是母语和英语的负迁移作用。如日本学生回答"国花是樱花吗?"这一问题时,答句是"樱花是",显然是受日语判断句的影响所致。日语中的判断句其规则是将判断动词"是"放在句末。

我们的对外汉语教材其中的外语部分绝大多数是英文,学生往往借助英译汉来进行学习,一旦英汉之间的词语义域或语法存在很大差异,学生又未能充分理解时,偏误就产生了。对于语言负迁移所造成的偏误,教师需要做的就是将两种语言进行对比,并将对比过程和结果展示给学生看,让学生明白其差异,那么类似的偏误就不容易发生了。

总之,在借鉴国外和国内外语教学界关于交际策略研究的基础上,国内对外汉语教学界对交际策略的研究从研究方法到研究成果都有了一定程度的发展,这些宝贵的成果都将成为我们研究的有益借鉴。

第二章　汉语学习者话题兴趣调查

　　鉴于本书的调查对象来源广泛,涉及到国内和国外两种类型的学习者,国内既涉及中亚及俄罗斯留学生,又涉及少数民族学生,国外则涉及了埃及汉语学习者。读者不一定对上述所有调查对象的具体情况都了解,尤其是对于他们之间的差别很难有具体的把握,而话题兴趣的研究恰恰是解决这个问题的一个很好的切入点,话题兴趣本身也是汉语教学界普遍关注的问题,因此本章拟对本书涉及的所有类型的汉语学习者进行话题兴趣的调查研究,希望能为弄清本书后几章交际策略的具体调查研究打下良好的基础。

第一节　中亚及俄罗斯留学生话题
兴趣调查研究

　　研究的对象从客体过渡到主体,以及对主体个人兴趣度的逐渐关注,是当代汉语研究的趋势之一。本节通过问卷调查,对65名来华中亚及俄罗斯留学生的日常谈话话题进行调查,采用定量分析,探讨汉语学习者话题兴趣分布的情况,并根据兴趣度的差异,提出相应的教学策略。

一、引言

(一)研究背景

改革开放以来,随着我国综合国力在国际上的不断提升,在世界范围内掀起了一股学习中国汉语的热潮,来华学习中国汉语的留学生日益增多。仅新疆维吾尔自治区每年来学习的留学生就有1 400余人,其中,中亚五国及俄罗斯留学生占来疆留学生总数的67%。所以研究中亚及俄罗斯留学生话题兴趣的分布情况,能为今后的对外汉语课堂教学提供一定的参考价值。

"话题"包括句子话题和篇章话题。前者主要是指在分析句子结构时的话题,与述题相对。后者可以等同于标题。本研究只涉及后者;"兴趣"则是个体与其环境发生交互作用而产生的一种现象。兴趣大体上可以分为三类:个体兴趣、情景兴趣和话题兴趣(Schiefele & Krapp,1996)。其中个体兴趣是指随着时间的推移而不断发展的一种相对稳定持久的动机取向、个人倾向或个人偏好;情景兴趣是指由环境中某些刺激所引发的兴趣;话题兴趣是指对某一话题相对稳定的价值取向,是个体兴趣的一种形式。兴趣能够引发深层学习和内在学习动机,它对学习有促进作用。同样,话题兴趣也能促进学习和理解。

在对中亚及俄罗斯留学生的话题兴趣进行调查的过程中,我们将特别关注汉语不同学习者感兴趣和不感兴趣的话题分别是哪些,这能为教师的汉语教学提供一定的借鉴。如果教师能抓住汉语学习者自身的兴趣点,并积极发挥学生的主观能动性,那么教师的课堂教学和学生的学习都将事半功倍。

(二)研究目的及意义

1.研究目的

在汉语教学过程中,学习者的话题兴趣对教师课堂教学效率产生一定的影响。本文基于汉语学习者话题兴趣的相关理论,以在新疆的中亚及俄罗斯留学生(选取新疆大学、新疆师范大学两所高校)为调查对象,通过编制问卷对中亚及俄罗斯留学生话题兴趣进行问卷调查,进一步探讨汉语学习者话题兴趣的分布情况,选择适合的教学内容。最后,通过掌握中亚及俄罗斯留学生的话题兴趣制定相应的教学策略,从而增加学习兴趣,提高学习质量,优化教学。

2.研究意义

不同汉语学习者的话题兴趣也影响着整个汉语教学进程,此研究不仅是简单地分析学生在交际话题上的个人喜好,它还将及时为汉语教师提供学生在学习中对教材话题选择的心理倾向,以及在课堂上帮助教师制定合适的教学策略,在组织汉语教学时因人制宜,发挥自身最大的主观能动性,使教学工作轻松、有效地开展,达到事半功倍的效果。

(三)文献综述

国外专家学者在研究话题兴趣时各抒己见。如:国外学者发现话题兴趣可以促进学习,提高理解能力(Schiefele 1996, Boscolo & Mason 2003),Tan Bee Tin(2006)研究证明情景兴趣和个人兴趣可以引发话题兴趣,而Schiefele(1996)则认为兴趣大体分为三类：个体兴趣、情景兴趣以及话题兴趣。话题兴趣是学习动机中最现实、最活跃，带有感情色彩的因素，也是产生和维持注意力的重要内部要素。

Bugel 和 Buunk（1996）在新西兰外语测试中发现，外语专业的男、女生在阅读中所感兴趣的话题不同。男生喜欢阅读信息量大的文章，对科技、经济、政治、计算机、汽车等感兴趣，热衷于运动。女生对社会、家庭、艺术、文学、医药感兴趣，喜欢阅读女性杂志上的文章，特别是美容、服装、瘦身方面的，热衷于时尚。

同时，在国内研究话题兴趣的专家学者也颇有成就。汲传波（2005）曾提出，在编写教材时，应多考虑留学生所关注的内容，增加留学生感兴趣的话题，使教材引发留学生的兴趣，并且他在分析北京大学留学生演讲稿时，将留学生感兴趣的话题分为中国社会、文化、中外差异、个人信息、本国语言、世界性话题六类。徐惠芳表明，话题兴趣与认知风格和性别密切相关。研究发现由于个体的差异，所产生的话题兴趣也不同。余千华（2008）研究了大学英语教材和参加比赛的英语学习者的话题兴趣。但这个研究是中国非英语专业学生的话题，而不是英语专业或其他外国留学生的话题兴趣。因此，需要我们进一步研究讨论。有人也曾对就读于新疆的中亚留学生话题兴趣与教材话题匹配的调查做过研究，从学生的角度出发，了解其感兴趣的话题与所学教材话题的匹配情况，从而能够选择适合中亚留学生的教材和教学内容。

本书希望在教材编写及教学过程中，实现国别化，增强汉语教学的针对性和有效性。

二、研究设计

(一)调查对象

由于学习者是话题兴趣的发出者,对本项研究起着非常重要的作用。因此,本研究选取的调查对象为新疆两所高校(新疆大学、新疆师范大学)的中亚及俄罗斯留学生65名,以确保调查的真实性和可靠性。

(二)问卷设计与施测

考虑到被测对象为汉语作为第二语言的中亚及俄罗斯留学生,问卷有中文、俄文两种文字,从而避免学生因为理解错误而误答。

该调查问卷主要针对中亚及俄罗斯留学生对日常交际话题的兴趣程度。在调查中,要求调查对象根据自己的实际喜好对这些内容进行选择。通过对比调查对象的兴趣点,找出汉语教学中的信息不对称。

问卷主要分为两部分。第一部分是被测者的个人基本信息,包括性别、族别、年龄段、学习汉语时间及就业意向。第二部分是话题分析,分为12大话题群,包括娱乐休闲、日常生活、社会交往、政治经济、学习工作、外出和交通、中国文化、感情生活、兴趣爱好、社会问题、个人思想、其他方面和48项子话题。最后采用数据统计分析法对130份调查问卷的统计结果进行分析、整理,得出结论。

三、研究结果及分析

（一）被测者个人基本信息

汉语作为第二语言的学习者是此次调查的对象，学习者拥有不同的个体差异，这些差异也会对话题兴趣产生一定的影响。为确保此次调查的可靠性、准确性和真实性，被测者的个人基本信息环节必须具备。

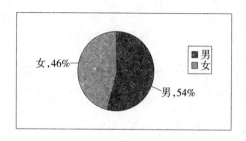

图1　留学生性别比例

从图1中可以看出此次被测对象中亚及俄罗斯留学生的男女比例较为平均。

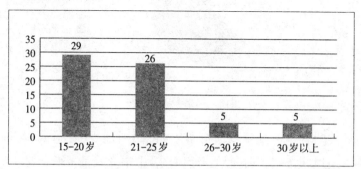

图2　留学生年龄段分布

从图2中可以看出,此次受测对象中亚及俄罗斯留学生年龄段最多都在15～20岁,即该次调查对象以青少年为主,人数较多的还有21～25岁的。

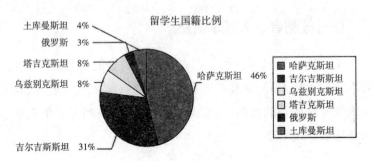

图3 留学生国籍比例

从图3中可以看出,此次调查多以中亚哈萨克斯坦和吉尔吉斯斯坦的学生参与为主,占总人数的77%。

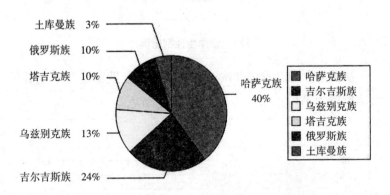

图4 留学生族别比例

被测者中亚及俄罗斯留学生如图3所展现的,国籍多为哈萨克斯坦和吉尔吉斯斯坦。所以图4中中亚及俄罗斯留学生的族别也多为哈萨克族和吉尔吉斯族,占总人数的64%。

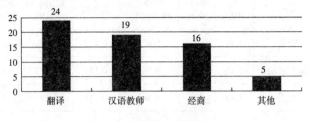

图5　留学生就业意向

从图5中可以看出,中亚及俄罗斯留学生来华学习汉语,一般都有明确的就业意向,在被测的中亚留学生当中,翻译是留学生以后就业方向的首选,其次是汉语教师和经商。

(二)中亚及俄罗斯留学生话题兴趣调查分析

对收回的65份有效问卷进行分析,并对问卷中的48项子话题按照被测者感兴趣的程度进行排列,使用Excel表格数据统计分析法,按照均值的不同(K代表平均水平),低的均值对应低的变量值,高的均值对应高的变量值。最低均值的话题就是学习者最感兴趣的话题,反之,就是学习者不感兴趣的话题。结果如表1所示:

表1　留学生感兴趣话题排序

排序	变量	K (均值)	Mode (众数)	S(整体样本标准偏差)	显著性	置信区间下限	置信区间上限
1	健康养生	1.26	1	0.505	0.123	1.136	1.387
2	教育学习	1.25	1	0.431	0.105	1.139	1.353
3	个人爱好	1.34	1	0.562	0.137	1.199	1.478
4	奖学金	1.38	1	0.695	0.169	1.212	1.557

续表1

排序	变量	K（均值）	Mode（众数）	S（整体样本标准偏差）	显著性	置信区间下限	置信区间上限
5	美食	1.38	1	0.625	0.152	1.23	1.539
6	体育运动	1.43	1	0.581	0.141	1.287	1.575
7	音乐	1.43	1	0.581	0.141	1.287	1.575
8	家庭生活	1.52	1	0.726	0.176	1.343	1.703
9	旅游	1.51	1	0.659	0.16	1.344	1.671
10	价值观	1.54	1	0.725	0.176	1.359	1.718
11	中国传统文化	1.52	1	0.635	0.154	1.366	1.68
12	伦理道德	1.55	1	0.724	0.176	1.374	1.733
13	人际关系	1.58	1	0.721	0.175	1.406	1.763
14	购物	1.6	1	0.652	0.158	1.439	1.761
15	心理健康	1.65	1	0.773	0.188	1.455	1.838
16	假期	1.68	1	0.746	0.181	1.492	1.862
17	时间日期	1.68	2	0.704	0.171	1.502	1.851
18	中国历史	1.77	2	0.718	0.175	1.591	1.947
19	读书交流	1.78	1	0.754	0.183	1.598	1.972
20	环境保护	1.78	2	0.712	0.173	1.608	1.961
21	气候天气	1.8	2	0.661	0.161	1.636	1.964
22	美容护肤	1.85	1	0.827	0.201	1.641	2.051
23	求职就业	1.85	2	0.749	0.182	1.661	2.032
24	动物保护	1.86	2	0.762	0.185	1.673	2.05

（均值K越接近1表示越感兴趣，越接近3表示越不感兴趣）

我们发现留学生在日常生活中感兴趣的话题分别是健康养生、教育学习、奖学金、个人爱好、体育运动等。显然，这些话题与留学生个人需求密切相关。其中，健康养生话题在留学生感兴趣的话题中排名第1，这是由于不同国家不同的文化差异造成的，中国文化强调整体性，推崇整体利益。而中亚及俄罗斯国家与西方国家有着相似的社会文化理念，即强调个人价值的重要性，推崇个人利益为最高利益。所以，个人健康话题成为了留学生最关心、最感兴趣的话题。这一点笔者于2013年9月在新疆师范大学国际交流学院的实习中也有切身体会，留学生问候时的常见话语为："你好吗？""你身体好吗？"或者"你（身体）最近怎么样？"

　　其次，留学生感兴趣的就是教育学习（第2）、个人爱好（第3）、奖学金（第4）、体育运动（第5）等话题。这是因为中亚留学生性格活泼，爱好广泛，他们有多种品味，进而可能发展为多种爱好。所以，他们对个人爱好话题颇感兴趣。学习方面，留学生来华的目的就是为了学习汉语，而且，非学历班的学生若能通过学校规定级别的HSK考试，孔子学院还会给他们发奖学金。

　　留学生不感兴趣的话题如下：

表2　留学生不感兴趣话题排序

排序	变量	K （均值）	Mode （众数）	S(整体样本 标准偏差)	显著性	置信区间 下限	置信区间 上限
1	赌博吸毒	2.82	3	0.523	0.127	2.686	2.945
2	明星八卦	2.72	3	0.595	0.145	2.576	2.871
3	恐怖主义	2.68	3	0.585	0.142	2.532	2.822
4	网络游戏	2.45	3	0.765	0.186	2.257	2.636
5	天文地理	2.37	3	0.735	0.179	2.187	2.551

续表2

排序	变量	K（均值）	Mode（众数）	S（整体样本标准偏差）	显著性	置信区间下限	置信区间上限
6	军事话题	2.35	3	0.773	0.188	2.162	2.545
7	电视节目	2.23	3	0.739	0.18	2.048	2.414
8	情感两性	2.22	2	0.734	0.178	2.034	2.397
9	社会不良现象	2.17	2	0.735	0.179	1.987	2.351
10	城市建筑	2.03	2	0.723	0.176	1.852	2.21
11	请求建议	2.02	2	0.668	0.162	1.85	2.181
12	世界首富	2.05	3	0.849	0.206	1.836	2.257
13	商贸经济	2	2	0.723	0.176	1.821	2.179
14	邀请拒绝	1.98	2	0.718	0.176	1.805	2.164
15	社会实践	1.97	2	0.701	0.17	1.796	2.143
16	校园趣闻	1.98	2	0.774	0.188	1.793	2.177
17	约会聚会	1.98	2	0.794	0.193	1.788	2.181
18	社会人文	1.97	2	0.744	0.181	1.785	2.153
19	交通工具	1.95	2	0.711	0.173	1.778	2.13
20	科技产品	1.91	2	0.717	0.174	1.73	2.085
21	日常问候	1.91	2	0.717	0.174	1.73	2.085
22	各项荣誉	1.88	2	0.595	0.145	1.729	2.024
23	兼职	1.91	2	0.738	0.18	1.725	2.091
24	政治新闻	1.89	1	0.825	0.201	1.688	2.097

（均值K越接近3表示越不感兴趣，越接近1表示越感兴趣）

从表2中可以看出，中亚及俄罗斯留学生对赌博吸毒、恐怖主义、社会不良现象等消极话题不感兴趣，学生倾向用一种积极的态度来面对生活。天文地理和军事话题在留学生不感兴趣的话题中排名第5、第6。天文地理是一门较为抽象的学科，它涵盖了天文和地理方面的所有知识。它需要学生运用逻辑能力和抽象思维能力对事物进行反应。军事话题是中亚留学生较为不感兴趣的话题,可能这很容易让人联想到战争,造成负面的影响,但其实它是包括了军事政策、军事武器、军事装备等多项内容。此外,留学生还对电视节目、请求建议、交通工具、科技产品等话题不感兴趣。

四、结语

虽然本次调查涉及到的汉语学习者国籍及数量有限,但其根本目的是为汉语教学服务,提高汉语教学质量,对汉语教学仍有一定的启示。

第一,教师在汉语教学过程中要注意"因材施教"的原则,根据学生的不同特性,选择适合学生的教学方式。

第二,在汉语课堂教学时,教材的话题内容并不一定都具有趣味性,这就要求教师在教学过程中善于使用学生感兴趣的话题,活跃课堂气氛,最好能将学生的兴趣爱好同课文内容相结合,学习具有更强实用性的内容,提高学习效率。

第三,学生在学习汉语的过程中,对于自己不感兴趣的话题,可能会产生排斥心理。希望学生能调节自己的主观情绪,认真对待教学大纲中出现的每一个话题,做到全面学习。

第二节　埃及汉语学习者的话题兴趣及内部差异调查

教材的话题是否符合学习者的话题兴趣应该是选择课堂教学内容和编写教材时所必须考虑的一个重要因素。本节通过对

144名汉语学习者所做的问卷调查及访谈,适当联系其他国家汉语学习者的情况,考察埃及汉语学习者的话题兴趣分布特征,并考察学习者的年级、性别及生长地等因素与话题兴趣的相关性。本研究结果能为对外汉语教材的编写和教学内容的选择提供一定的参考。

随着我国综合国力和国际地位的提升,海内外的对外汉语教学不断升温,出版的对外汉语教材也日益增多。据统计,仅1998—2008年间就出版了548种(朱志平,2008)。同时,新的教材编写计划也在草拟中。毋庸置疑,对教材的评估涉及多种因素,但在提倡"以学生为中心"和"教材国别化"的今天,有一点是显而易见的,即教材的话题是否符合本国学习者的话题兴趣应该是选择课堂教学内容和编写教材时所必须考虑的一个重要因素。

埃及是中东第一人口大国。从这个意义上说,埃及汉语学习者的话题兴趣,也可以作为阿拉伯国家的代表之一。从开设汉语课程(1956年)和设立汉语专业(1958年)的时间来看,埃及可谓阿拉伯国家和整个非洲汉语教学的先驱,但一直以来该国基本上沿用中国国内教材,在很多方面表现出"水土不服"。埃及本土化汉语教材的编写才刚开始起步,2012年2月艾因·夏姆斯大学举办"首届阿拉伯语为母语国家汉语教学经验交流国际会议"和同年3月开罗大学举办"首届埃及汉语教材使用及编写研讨会"称得上是一个良好的开端。本节的研究正是基于这一背景。

一、话题兴趣及其与对外汉语教材的关系

(一)外语教材评估标准

在外语教学过程中,教材是影响教学的主要因素之一。它在课堂教学以及自主学习中起着非常重要的作用。外语教材的评估是一项非常复杂的工程,在我国刚刚起步(周雪林,1996)。而国外外语教材的评估标准有很多。其中 Hutchinson & Waters (1987)指出:"教材评估从本质上来说是一个直接的分析性的配对过程,即将需求与可能的解决方案配对。"(转引自周雪林,1996)可见,学习者要素是教材评估的主要内容之一。该要素主要包括学习者的年龄、兴趣、动机、喜欢的学习方式等。其中,学习者的兴趣特别是话题兴趣极为重要。赵贤州、陆有仪(1996)指出:"要编写好教材就要突出教材编写的针对性、实践性、趣味性和科学性。"其中"针对性"包括"考虑学习者的身份和学习需求,在编写之前,需要做一些调查研究,根据一定的读者群的需求,来确定自己的目标";"趣味性"则包括"课文内容是学生普遍关心的问题"。

(二)话题兴趣

话题包括句子话题和篇章话题。前者主要是指在分析句子结构时的话题,与述题相对。后者可以等同于标题。本研究只涉及后者。

兴趣是个体与其环境发生交互作用而产生的一种现象。兴趣大体上可以分为三类:个体兴趣、情景兴趣和话题兴趣(Schiefele&Krapp ,1996)。其中个体兴趣是指随着时间的推移

而不断发展的一种相对稳定持久的动机取向、个人倾向或个人偏好;情景兴趣是指由环境中某些刺激所引发的兴趣;话题兴趣是指对某一话题相对稳定的价值取向,是个体兴趣的一种形式。

兴趣能够引发深层学习和内在学习动机,它对学习有促进作用。同样,话题兴趣也能促进学习和理解。

国内关于话题兴趣的研究主要涉及以下方面:

杨艳、柯丽芸(2008)分析的是对外汉语初级口语教材话题选取情况;姜蕾(2013)主要考察的是中学汉语教材中存在的话题选择及编排的问题,提出了编写"中学交际话题表"的设想;汲传波(2005)从留学生的演讲话题着手探讨对外汉语口语教材的话题选择问题,总结出了留学生演讲话题的总体分布规律,但演讲话题是少数汉语学习者经过事先精心准备的,难以涵盖大部分学习者感兴趣的话题;另外在分析各类话题的分布特征时,仅按人数和比例进行了统计,而未按严格的话题兴趣高低(秩均值)进行排序;余千华、樊葳葳、陈琴(2012)调查了汉语学习者话题兴趣及其与对外汉语教材话题匹配情况,但调查话题兴趣时,未严格区分学生的国籍和年龄段,将来自非洲的28岁(平均年龄)留学生同来自美国的55岁留学生放在一起调查,使得调查结果缺乏一定的针对性。但是,以在读的汉语专业大学生为调查对象,以年级、性别及生长地为参数,多角度考察埃及汉语学习者的话题兴趣,并适当与其他国家汉语学习者比较,学界尚未出现相关成果。

二、研究设计

(一)研究问题

1.埃及汉语学习者话题兴趣的分布特征是什么？与其他国家汉语学习者的话题兴趣差异是什么？

2.被试者的年级、性别及生长地是否会对话题兴趣产生影响？

(二)研究对象

研究对象主要包括144名埃及汉语学习者。

由于埃及的汉语教学主要集中在艾因·夏姆斯大学和开罗大学,前者是埃及(也是阿拉伯国家和整个非洲)汉语专业开设最早和学生人数最多的学校,已达到1 000余人,后者则是埃及最有名的大学,开设汉语课程的除了中文系还有孔子学院,共汇集了300多名学生。因此笔者特意选择了这两所院校及其孔子学院的汉语专业一至四年级本科生127名和一至三年级研究生(为行文方便,研究生)17名作为被试者。基本信息详见表1。

表1 被试者的基本信息

被试年级及人数 / 学校及人数	本科生(127人)								研究生(17人)	
	一年级		二年级		三年级		四年级			
	男	女	男	女	男	女	男	女	男	女
艾因·夏姆斯大学中文系(52人)	5	7	4	5	4	8	5	4	4	6
开罗大学中文系(57人)	3	6	6	4	4	12	5	6	3	4
开罗大学孔子学院(35人)	0	5	3	9	5	8	2	3	0	

(三)研究方法

本研究采用定量与定性相结合的研究方法。调查问卷的设计参考了高鹏(2006)和耿小辉(2007),涵盖7大类话题群、42项子话题。问卷要求被试者根据自己感兴趣的程度填写量表,然后根据问卷填写情况,抽取其中六名被试者进行访谈。

(四)数据收集与统计

本次调查共收回埃及汉语学习者的有效问卷144份(此数据已剔除了17份无效问卷)。使用统计软件SPSS19.0对调查问卷的信度进行分析。结果显示 Asymp. Sig.(渐近显著性)为0.000,说明本问卷具有较高信度和效度。然后采用Friedman和Mann-Whitney U检验,分析埃及汉语学习者的话题兴趣特征以及内部差异,并探讨其原因。

三、结果与讨论

(一)从整体上看学生的话题兴趣

1. 子话题的分布特征

对问卷中的42项子话题按照学习者感兴趣的程度进行排序,采用Friedman检验,统计出每一项子话题的平均秩次。低的秩次对应于低的变量值,高的秩次对应于高的变量值。在本研究中,最高秩次量的话题就是学习者最感兴趣的话题,反之,就是学习者最不感兴趣的话题,见表2。

表2　埃及汉语学习者话题兴趣高低秩次排序

平均秩次最高的20项话题				平均秩次最低的20项话题			
排序	话题	所属话题群	秩均值	排序	话题	所属话题群	秩均值
1	求职与就业	教育	28.89	1	电影世界	娱乐休闲	1.6
2	网络	日常生活	25.09	2	房屋住宅	日常生活	1.66
3	谈天说地	社会交往	24.96	3	出入境	旅游外出	3.84
4	友情	情感生活	24.77	4	公共服务事业	日常生活	4.15
5	亲情	情感生活	24.67	5	环境保护	社会问题	4.61
6	爱情	情感生活	24.43	6	会面与告别	社会交往	4.63
7	运动健身	娱乐休闲	24.04	7	居家生活	日常生活	5.49
8	旅游度假	娱乐休闲	23.66	8	读书看报	娱乐休闲	5.56
9	婚姻	情感生活	22.6	9	节假日	社会交往	6.27
10	时尚与美容	日常生活	22.42	10	医院诊所	日常生活	6.83
11	商贸与经济	教育	21.02	11	电视节目	娱乐休闲	8.08
12	精明理财	日常生活	20.87	12	自然科学	教育	8.1
13	娱乐圈内	娱乐休闲	20.73	13	逛街购物	日常生活	9.16
14	问路与交通	旅游外出	19.6	14	旅游外出	娱乐休闲	9.81
15	时间日期	日常生活	19.5	15	伦理与道德	社会问题	10.02
16	人文科学	教育	19.28	16	吸烟吸毒赌博	社会问题	10.96
17	紧急情况	旅游外出	15.94	17	音乐	娱乐休闲	11.51
18	自我介绍	社会交往	14.96	18	动物	社会问题	11.71
19	健康生活	娱乐休闲	14.9	19	校园求学	教育	12.68
20	餐饮文化	日常生活	13.75	20	住宿	旅游外出	12.75

表3则是42项子话题的Friedman检验结果。

表3　秩次检验统计表

检验统计量	
N	144
卡方	576.910
df	41
渐近显著性	0.000

从表2和表3可见,不同话题之间的平均秩次具有显著差异。也就是说,学习者对42项子话题感兴趣的程度显然是不同的。秩次量最高的10项子话题主要有关学生的切身利益和需求,同时也反映了他们具有广泛的兴趣。尤其是求职与就业、网络、谈天说地列居前三位,说明在目前的埃及社会形势下,埃及大学生一边面临较大的就业压力及生存压力,一边又充分表现出年轻人善于交际、乐于沟通的特点。秩次量最低的10项子话题主要涉及日常生活中的一些特殊领域,比如电影世界、房屋住宅、出入境、公共服务事业、环境保护、会面与告别、居家生活、读书看报、节假日、医院诊所等。这些话题或是本身较为平淡,如房屋住宅、会面与告别、出入境,或是要求学习者具有一定的阅历、知识和词汇量,如环境保护、医院诊所等。值得注意的是,中国当下青年人较感兴趣的电影世界、环境保护、节假日、电视节目、逛街购物、旅游外出、伦理与道德等,埃及学生对此并不感兴趣。

根据另外一项调查(余千华,2012),美国汉语学习者(平均年龄为55岁,平均学习汉语时间为1年)比较感兴趣的话题是"居家生活""音乐无限""旅游度假""婚姻""动物"以及"伦理与道德",值得注意的是,在这六项话题中,只有"旅游度假"和"婚姻"是埃及学生也较为感兴趣的。这可能是因为调查的美国学习者年龄稍大而且身份是教师，话题兴趣反映了他们丰富的生活阅历、热情开朗的性格及广泛的兴趣爱好。而埃及学生相对年轻，生活阅历较为简单，目前最大的需求是如何完成学业和实现就业，因此，他们首先对有关"求职与就业"的话题、其次对"网络""谈天说地"等年轻人感兴趣的话题表现出浓厚的兴趣，再有就是对各种情感生活和娱乐休闲话题较为关注。由此可见，人们的话题兴趣与他们的民族文化、年龄、生活阅历、社会身份和需求等因素密切相关。

2. 话题群的分布特征

问卷中每个话题群的子话题数并不相同，下文统计被试者最感兴趣的子话题在七大话题群中所占的比例，见表4。

表4 汉语学习者最感兴趣的子话题在话题群中所占的比例

话题群	子话题项数	被列入20个最感兴趣的话题数	所占比例（%）	趣味性排序
情感生活	4	4	100	1
教育	5	3	60	2
旅游外出	4	2	50	3
日常生活	11	5	45	4
娱乐休闲	9	4	44	5
社会交往	5	2	40	6
社会问题	4	0	0	7

由表4可见，"情感生活""教育"是埃及汉语学习者最感兴趣的话题群。而在以美国汉语学习者为主要被试的一个调查中最受关注的却是"情感生活"和"旅游外出"，由此，"情感生活"成

为双方共同感兴趣的话题,而"教育"和"旅游外出"在这两个群体中受关注的程度并不相同,因此,不同的年龄、文化和经济发展水平对学习者的话题兴趣的影响也可见一斑。

此外,包含环境保护、伦理与道德、吸烟吸毒赌博和动物等4项子话题的"社会问题"成为埃及学生最不感兴趣的话题群,这可能与埃及学生较为年轻、知识面尚待拓宽有关。

(二)学生的年级与话题兴趣

上文讨论了话题兴趣的整体分布情况,本部分以年级、性别、生长地等为分组变量研究话题兴趣的内部差异。

先看年级差异。

1. 子话题的年级差异

从整体趋势上来看,在42项话题中,学生的话题兴趣随着年级的升高整体上呈上升趋势的(包括直线上升型、先降后升型、先升后降再升型)有30项,占全部话题数的71%,整体上呈下降趋势的(包括直线下降型、先升后降型、先降后升再降型)有12项,占29%,即学生对绝大多数话题的兴趣与年级成正比。

那么,在这42项话题中,哪些话题属于年级差异最大的话题呢?根据统计学原理,P值(渐近显著性)<0.01,则变量之间存在显著差异性。根据这一标准,我们将具有较显著差异的话题分别列出,详见表5,"约会聚会"整体上属于埃及学生不喜欢也不讨厌的子话题,"运动健身"属于学生比较感兴趣的子话题,但这两者都存在很大的年级差异,总的来看,本科三四年级学生对它们不感兴趣,而本科一二年级学生和研究生却很感兴趣;"亲情"和"人文科学"属于学生比较感兴趣的子话题,但其实一二年级学生更感兴趣,而高年级学生尤其是研究生并不感兴趣;"吸

烟吸毒赌博"整体上是学生不感兴趣的,但四年级学生却比较感兴趣;"电影世界"本来被列为学生最不感兴趣的话题,但其实一年级学生最不感兴趣,而本科二年级和研究生都比较感兴趣。

表5　具有明显年级差异的子话题(按差异由大到小排序)

年级和样本数	子话题及秩均值		约会聚会(0.000)	运动健身(0.000)	亲情(0.008)	吸烟吸毒赌博(0.015)	人文科学(0.018)	电影世界(0.048)
一年级	1.00	26	86.29	86.29	94.00	66.75	90.71	47.40
二年级	2.00	35	99.63	99.63	87.95	49.20	90.38	87.20
三年级	3.00	41	67.16	67.16	70.62	65.48	58.96	75.50
四年级	4.00	25	59.58	59.58	63.12	80.83	65.92	69.38
研究生	5.00	17	100.75	100.75	48.50	75.63	79.50	81.63

注:上表括号中均为P值(渐近显著性)。下表同。

2. 话题群的年级差异

埃及学生的话题兴趣各年级差异很大,由表6可见:一年级最关注的话题是教育、情感生活、旅游外出;二年级是娱乐休闲、社会交往、日常生活;三年级是旅游外出、情感生活、社会问题;四年级则是旅游外出、社会问题、教育;研究生则关注旅游外出、社会交往、娱乐休闲。由此可见,埃及二年级学生的话题兴趣跟一年级迥然不同,由一年级的发散型关注转变为对身边近距离事物如娱乐休闲、社会交往、日常生活等的关注,到了三四年级,除了继续保持对"旅游外出"的浓厚兴趣外,又开始关注社会问题,到了研究生阶段,则一边保持对"旅游外出"的浓厚兴趣,一边关注社会交往、娱乐休闲等身边近距离事物。

表6 各年级汉语学习者最感兴趣的子话题在话题群中所占的比例

话题群 年级 （%） 所占比例	教育	情感 生活	旅游 外出	社会 交往	娱乐 休闲	日常 生活	社会 问题
一年级	80	75	75	60	56	27	0
二年级	40	50	0	60	67	54	25
三年级	0	75	100	40	33	54	75
四年级	60	25	100	0	44	45	75
研究生	20	50	100	80	67	27	0

注："所占比例"指"各年级汉语学习者最感兴趣的子话题（取前20项）在话题群中所占的比例"，统计方法同表4。

从下面的柱状图中，我们也可以清楚地看到不同年级的话题兴趣差异。

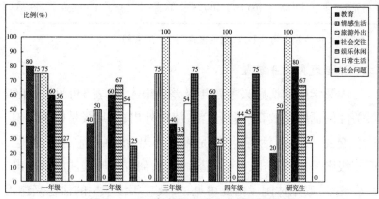

图1　一至四年级及研究生各话题群比例

(三)学生的性别、生长地与话题兴趣

1. 话题兴趣的性别差异

根据统计，在42项话题中，女生相对感兴趣的话题有23项，男生则有19项，即女生感兴趣的话题略多于男生。但绝大多数

话题男女之间并未形成显著性差异。

具有较明显性别差异的只有下面几项,见表7。

表7　话题兴趣的性别差异

性别和样本数	子话题及秩均值	女生更感兴趣的话题		男生更感兴趣的话题	
		时尚与美容（0.000）	爱情（0.076）	伦理与道德（0.037）	环境保护（0.037）
女	91	79.83	76.27	68.64	68.64
男	53	50.69	62.32	85.48	85.48

由此可见,在上述具有较明显性别差异的四项话题中,女生最感兴趣的是"时尚与美容"和"爱情",而男生较感兴趣的是"伦理与道德"和"环境保护"。尤其是"时尚与美容",其P值为0.000,具有最大显著性。显然,这应该源于男女本身的兴趣差异。

2. 话题兴趣的生长地差异

分开罗学生和外地学生进行比较。

根据统计,在42项话题中,开罗学生更感兴趣的话题有33项,外地学生则有9项,即开罗学生感兴趣的话题远远多于外地学生。

具有明显差异的话题,见表8。

表8　话题兴趣的生长地差异

生长地和样本数	子话题及渐近显著性	开罗学生更感兴趣的话题						外地学生更感兴趣的话题				
		音乐（0.014）	网络（0.022）	气候与天气（0.058）	节假日（0.058）	自我介绍（0.093）	自然科学（0.093）	吸烟吸毒赌博（0.173）	商贸与经济（0.283）	健康生活（0.436）	电视节目（0.436）	出入境（0.436）
开罗	97	76.49	76.61	75.09	75.09	73.19	73.19	69.03	68.54	68.27	68.27	68.27
外地	47	58.90	60.49	61.98	61.98	61.06	61.06	78.48	76.26	73.87	73.87	73.87

如上表所示,与外地学生比较起来,开罗学生更感兴趣的是音乐、网络、气候与天气、节假日、自我介绍和自然科学等,外地学生更感兴趣的则有吸烟吸毒赌博、商贸与经济、健康生活、出入境、电视节目、时间日期、精明理财、住宿、紧急情况等。由此也可看出,生长在开罗这样首都城市的学生对年轻人普遍关注的主流话题更感兴趣,更加见多识广,兴趣也更加广泛。

四、结语

虽然此次调查涉及到的汉语学习者国籍及数量有限,但调查结果对对外汉语教学仍然具有一定的启示。

1.汉语学习者对那些能体现他们的兴趣和需求、与他们的个人生活和切身利益密切相关的话题最感兴趣。而最不感兴趣的话题是那些本身较为简单和平淡的话题,或是要求学习者具有一定的阅历、知识和词汇量才能进行表达的话题。

2.汉语学习者的话题兴趣与其年级直接相关:从整体趋势上看来,话题兴趣与年级成正比(即年级越高,兴趣越浓厚),但也有少数话题表现出复杂性。

3.话题兴趣与生长地密切相关:生长地越发达、开放,学习者话题兴趣越广泛、感兴趣程度也越高,而且,对主流话题也更加感兴趣。

4.汉语学习者的话题兴趣与性别呈现出弱相关:不同性别的学习者对绝大多数话题的兴趣呈现出一致性,只在个别话题上表现出性别差异。

5.汉语学习者的话题兴趣与各自的民族文化、生活阅历、社会身份、当前需求及经济状况等各方面的因素密切相关。

第三章 汉语学习者交际策略调查
——以中亚及俄罗斯留学生为例

学习者为顺利进行语言交际活动有意识采取的计划措施或方法技巧,称之为交际策略。前人研究成果显示,不同地区、国籍留学生在使用汉语交际策略时会出现诸多差异,而已有研究大多集中在对欧美、东南亚及日本、韩国等地区和国家的留学生上,但对中亚及俄罗斯国家留学生的调查研究较少。因此,本章在前人研究的基础上,致力于调查和研究该地区留学生汉语交际策略的特点,以期更有针对性地实施交际策略培训,切实有效地提高其汉语交际水平。

一、引言

目前中国经济发展处于世界领先地位,中国的世界吸引力正处于前所未有的强势状态,由此引发的汉语热也促使越来越多的人投身到汉语学习的研究中来。而比邻我国的中亚和俄罗

53

斯则选择就近在新疆学习汉语。这些汉语学习者具有自己的特点,大部分人热衷于快速掌握汉语的交际能力。针对这一学习特点,我们需要了解他们在交际过程中都会出现哪些问题,为了达到交际目的又倾向于采用什么办法解决,以便在教学中因材施教、有的放矢。

二、研究设计

(一)研究问题

1. 中亚及俄罗斯留学生汉语交际策略的使用具有什么特征?

2. 国籍、汉语水平、性别、性格等个体因素的差异会对中亚及俄罗斯留学生的汉语交际策略的选择上有什么影响?

(二)研究对象

本次调查所选择的对象是来华学习汉语的中亚及俄罗斯的留学生。他们中的大多数在来新疆学习之前都有一定的汉语基础。由于基础参差不齐,所设班级的名称也就不同。本次调查的班级就有初级班、自费班、奖学金班以及本科班不等。

本次调查选择在新疆大学和新疆农业大学这两所高校。其中新疆农业大学国际教育学院调查的是初级 B1 和 B2 班,获得有效问卷 10 份,新疆大学国际交流学院调查的班级有:自费 D 班 16 人、奖学金 D 班 14 人、本科 10 班 17 人、本科 11 班 23 人,获得有效问卷 70 份。所以本次两所高校共计获得有效问卷 80 份。其中男生 46 人,占 57.5%;女生 34 人,占 42.5%。在调查过程中为防止学生出现阅读理解障碍,特将问卷翻译成俄语,所以调查时有汉俄两种问卷可供留学生选择。

(三)研究方法

本文在前人理论的启示和指导下,采取口头访谈、个案分析和调查问卷等方法,进行定量统计和实例参照基础上的研究。其中主要以调查问卷为主。依据所得结果进行数据统计,然后从不同角度分析留学生汉语交际策略使用情况。

(四)问卷设计

问卷设计参考国内外学习策略和交际策略研究中所使用的量表和问卷,并结合留学生具体情况进行了改编。调查问卷包含三个部分:个人基本信息、汉语交际情景测试、汉语交际策略观念的自测题。其中第一部分包括学习者姓名、国籍、性别、性格、汉语水平、学习动机等问题,以达到对学习者个人情况的大致了解。第二部分是汉语交际的情景再现,即当留学生遇到类似的交际问题时会采取哪些措施。第三部分是对留学生交际策略使用自测题,以此来推测学习者本人对交际策略的认知程度。后两部分题目中所体现的交际策略主要有减缩策略、成就策略(以母语为基础的策略、以目的语为基础的策略、合作策略、检索策略以及非语言策略)共两大策略类型,可细分为六种小策略类型。并且问卷在设计时将专业术语转化成简单易懂的语言描述。例如,"我会先用母语想好,然后翻译成汉语说出来"指的是以目的语为基础的策略。

表1 留学生国别情况表

序号	国别	数量	百分比
1	俄罗斯	5	6.25%
2	哈萨克斯坦	26	32.5%
3	吉尔吉斯斯坦	24	30%
4	塔吉克斯坦	9	11.25%
5	土库曼斯坦	11	13.75%
6	乌兹别克斯坦	5	6.25%

在此,我们参照中亚与俄罗斯国家留学生学习汉语的时间和HSK等级,将被测者分为三个等级标准。学习汉语的时间在一学年以内(HSK一二级水平)的留学生为初级水平;学习汉语的时间在一到两学年(HSK三四级水平)的留学生为中级水平;学习汉语的时间在两学年以上(HSK五六级水平)为高级水平。在本次的调查中低级水平学生共12人,中级水平54人,高级水平14人。

表2 留学生汉语水平等级表

等级	低级	中级	高级
总计	12	54	14
百分比	15%	67.5%	17.5%

三、调查结果

根据Farech & Kasper从心理学的角度研究出发将交际策略分为减缩策略和成就策略两大类,下面以此为分类标准,通过分析调查问卷的结果,并结合被调查者个人因素、汉语水平与汉语交际策略使用情况之间的关系,对留学生汉语交际策略使用的总体情况加以描写和分析。

表3　交际策略使用总体情况表

策略类型	减缩策略	目的语策略	母语策略	合作策略	检索策略	非语言策略
占百分比	82.5%	81.25%	55%	51.25%	35%	30%
排序	1	2	3	4	5	6

表3是本次调查中留学生使用交际策略的总体情况,从表中可以看出减缩策略是大部分留学生所常使用的策略,其次是目的语策略、母语策略、合作策略,而检索策略和非语言策略使用频率较少。但事实上,以上六种策略的使用频率又会随着学习者个体因素的不同而出现差异。下面就留学生的汉语水平、国别、性别、性格的不同来分别论述交际策略的使用情况。

(一)学习者汉语水平与策略使用情况

笔者以留学生学习汉语的时间、所在班级以及HSK等级这三个标准为依据将被测留学生分为三个等级,水平较低的为初级组,水平中等的为中级组,水平较高的为高级组。

表4　不同级别留学生交际策略使用情况

组别	百分比/排序	减缩策略	目的语策略	母语策略	合作策略	非语言策略	检索策略
初级组	百分比	83.3%	41.7%	66.7%	25%	58.3%	16.7%
	排序	1	4	2	5	3	6
中级组	百分比	77.8%	87%	61.1%	72.2%	38.9%	46.3%
	排序	2	1	4	3	6	5
高级组	百分比	71.4%	92.9%	21.4%	64.3%	7.1%	28.6%
	排序	2	1	5	3	6	4

　　从表4可以看出初级组留学生使用交际策略频率的顺序依次是：减缩策略、母语策略、非语言策略、目的语策略、合作策略、检索策略；中级组留学生使用交际策略的排序是：目的语策略、减缩策略、合作策略、母语策略、检索策略、非语言策略；高级组留学生使用交际策略的先后顺序是：目的语策略、减缩策略、合作策略、检索策略、母语策略、非语言策略。从整体上看，汉语水平越低，越倾向于使用减缩策略、母语策略和非语言策略；汉语水平越高，越不倾向于使用该三种策略，而会更多地使用目的语策略。

　　从留学生的汉语水平角度分析，初级学生由于学习汉语时间不长，多数还处在汉语入门阶段，主要学习的是汉语拼音以及简单的口语句式，掌握的词汇量有限，当学生遇到交际障碍时会首选减缩策略，说一些关键词。与此同时，留学生还是习惯用母语的思维方式，所以母语策略的使用频率还是很高的。当学生的表达受限时，使用一些肢体语言将在一定程度上弥补词汇知识的匮乏，从而有助于交际的进一步深入，所以非语言策略也是初级留学生比较青睐的交际策略方式。

　　对于中级水平的留学生来说，大多数的人汉语已经学习了一到两学年的时间，在词汇、语法等方面都不太成问题，大多数学生比较有自信地愿意用汉语交流，在遇到交际困难时会倾向于用汉语解决或向对方寻求帮助，由此看来，目的语策略和合作策略以较高频率出现就不足为奇了。

　　在高级组中位居前三位的依然是目的语策略、减缩策略和合作策略，可以看出中高级的学生都有意识地多使用与汉语相关的策略，而检索策略用的较少，母语策略和非语言策略基本弃之不用了。具有较高汉语水平的留学生已经可以比较顺畅地运用汉语,并且对于汉语文化有了比较多的了解,在交际话题、表达方式及会话的理解上都有了很大的提高,此时能用语言解决的问题就不会使用肢体表达了。

(二)学习者国别与策略使用的关系

在此次调查中共有来自俄罗斯、哈萨克斯坦、吉尔吉斯斯坦、塔吉克斯坦、土库曼斯坦以及乌兹别克斯坦6个国家的留学生,鉴于中亚五国的留学生除了使用本民族的语言之外,国内还通行俄语作为官方语言,因此,本小节将调查对象分为中亚与俄罗斯国家这两组进行对比分析。

表5 中亚与俄罗斯留学生汉语交际策略使用情况对比

国别	百分比/排序	减缩策略	目的语策略	母语策略	合作策略	非语言策略	检索策略
俄罗斯	百分比	60	40	40	40	60	40
	排序	1	2	2	2	1	2
中亚	百分比	80	80	56	62.7	34.7	38.7
	排序	1	1	3	2	5	4

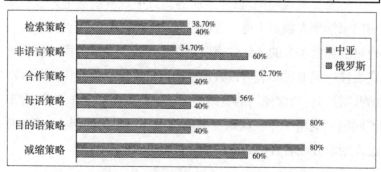

图1 学习者国别与策略使用的关系

来自不同国家的学生使用交际策略的情况不同,在表5中从总体上可以看到俄罗斯的留学生使用交际策略的频率低于中亚国家学生。俄罗斯学生使用减缩策略和非语言策略较多,而中亚国家学生使用频率较高的是减缩策略、目的语策略和合作策略。

在调查中笔者注意到,所调查的中亚与俄罗斯留学生,他们会根据交际对象的不同使用不同的交际策略。首先,不同国籍间的留学生在交谈时会倾向于使用减缩策略,如果水平较高的话,也是使用成就策略中较容易的表达;而当交际对象换成是中国人的话就会选择较为积极的策略,如释义、近义词替代,或询问。有的学生认为就算是说错了也可以从中学到新的知识,对自己的汉语水平的提高很有帮助。这一现象与前人所研究的欧美国家学生相类似,与像日本这样有汉字圈文化的留学生差别较大。日本学生会经常使用"写汉字"这一策略。汉字和日语在有些方面是音异义同,而俄语或突厥语系的文字却与汉字没有前世今生之缘。所以,中亚与俄罗斯学生就无法在不知其义的情况下写出汉字。

需要补充说明的是,在本次的调查中俄罗斯学生人数较中亚国家学生人数要少得多,在进行调查统计时难免会出现巧合,也可能为数不多的这几位俄罗斯学生在国别差异方面还不具有代表性。但通过图表可以看出这两组国别留学生使用交际策略的共同点是:最常使用的策略类型是减缩策略和合作策略,看来不同国别的留学生在汉语交际时都希望尽最大的努力,或者通过求助对方或者查词典来使交际进行下去。

（三）学习者性别与策略使用的关系

在此小节的研究中，我们按照性别分成男女两个组，男生组46人，女生组34人。

表6　不同性别留学生交际策略使用情况统计表

性别	人数	百分比/排序	减缩策略	目的语策略	母语策略	合作策略	非语言策略	检索策略
女	34	百分比	64.7	67.6	38.2	50	23.5	29.4
		排序	2	1	4	3	6	5
男	46	百分比	87	76	50	54.3	30.4	26.1
		排序	1	2	4	3	5	6

数据统计显示，男生比女生使用交际策略频率高些，说明男生在遇到交际障碍时会想更多的办法来完成交际。男女生使用最多的是目的语策略和减缩策略，使用较少的策略是检索策略和非语言策略。然而在相同之中还略有不同：女生将目的语策略放在第一位，最不常用非语言策略；男生则相反，使用最多的是减缩策略，很少使用检索策略。另外发现，女生在表达中会用一些语气词，如"啊""嗯"等来延长思考时间，而男生则更倾向于用别的方式，如动作或表情，出现停顿的情况比女生少。

总体看来，男生比女生表现得更积极，使用的策略种类偏于简单、有效，有时这种灵活甚至表现在大量地使用减缩策略这一取巧的办法。而女生选择的交际策略则多表现为费时费力的类型，如解释、描述等方法。

这一调查结果与笔者的平日观察不谋而合。笔者在与同所调查的奖学金D班学生交谈时发现，多数女生会在其缺乏汉语词汇时不厌其烦地解释,有时甚至兜一个大圈子,目的是引你说出她想要表达的那个词语。另外,在课上课下,总体来说,女生学习汉语态度较男生来说要端正些,比较勤奋。而男生要懒惰些,在交谈时他们主要捡重要的词汇,表达出主要的意思即可。

(四)学习者性格与策略使用的关系

在本小节的研究中,我们按照性格的差异将被调查者分为外向型和内向型两组,其中外向型51人,占总人数的76.1%,内向型16人,占总人数的21.1%。

表7 不同性格的留学生交际策略使用分布情况

性格	人数	百分比/排序	减缩策略	目的语策略	母语策略	合作策略	非语言策略	检索策略
外向型	51	百分比	81.3	94.1	62.7	84.3	45	52.9
		排序	3	1	4	2	6	5
内向型	16	百分比	91	84.3	87.5	81.1	12.5	56.3
		排序	1	3	2	4	6	5

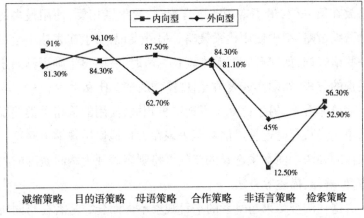

图2 学习者性格与策略使用的关系

不同性格的学习者往往在外语学习的过程中表现出不同的特点,具体来说在交际时会使用不同的交际策略。从数据结果可以看出,外向型的留学生在交际时使用的交际策略频率要高于内向型学生,并且使用的较突出的是目的语策略和合作策略,而内向型的留学生则更倾向于使用减缩策略和母语策略。这两类留学生最少使用的检索策略和非语言策略中还是存在着内部差异,就非语言策略而言,外向型留学生使用频率要高于内向型。

　　在我国有关性格与外语学习的关系研究方面,侯松山和王艳曾做过实验,并且证实了这二者确有关联,实验证明,外向型的学习者较多地使用以目的语为基础的成就策略,而内向型的学习者倾向于放弃交际目标的减缩策略或借用母语进行表达。由此看来,此次调查与这一调查结果不谋而合。

四、分析与讨论

(一)讨论

　　经研究发现,不同汉语水平的留学生在使用交际策略上具有较强的规律性,也可得知汉语水平的高低是影响学习者使用交际策略频率及类型的主要因素。但经过调查分析得知,学习者个人因素对于交际策略的使用也具有不可忽视的作用。具体分析如下:

　　1.减缩策略,又叫回避策略,包括形式减缩和功能减缩。在交际中主要表现为包括音位、词法、句法和词汇以及包括言语、情态和命题等方面的减缩。它是在学习一门新的语言时,学习者不知不觉使用频率最高的策略。在调查中发现,汉语水平低的留学生更多地使用减缩策略。

2.成就策略,也叫求成策略,包括目的语策略、母语策略、合作策略、非语言策略、检索策略。也就是指学习者在交际时会运用包括以母语为基础的语码转换、外语化、直译,以目的语为基础的替代、描述、造词、重组等策略,或者是使用表情动作等肢体语言,有时也会直接求助于交谈者或间接查询字词典等方法。甚至会出现短暂的停顿留给自己思考的时间。下面分别讨论留学生运用以上策略的情况:

(1)目的语策略,很显然这是学习者为了提高自己的语言水平而使用的策略类型,这无疑也是比较积极的交际策略类型。但事实上,经调查发现,初级水平的学习者基本上不会使用,而中级水平的学习者会具有这方面的意识,在交际中会运用同义词替换、解释等方法完成交际任务。Tarone(1977)、Ellis(1983)等人的实验表明,随着语言水平的提高,学习者会增加成就策略的使用;Bialystok(1983)发现:"目的语程度高的学习者更多地利用以目标语为基础的交际策略。"在对新疆大学汉语专业10届留学生调查时,笔者发现,一部分学生在选择调查问卷类型时都会积极地选择汉语版调查问卷,并且很自信地觉得完全没有问题。由此也可发现,水平较高的留学生会有意识地拒绝用非目的语进行交流,无论是口语还是书面语。

(2)母语策略,也叫做非合作策略。在调查中发现,留学生很少会采用直译的办法,如果运用也是交谈对象会说自己的母语或者本国的通用语。大多留学生会先用母语思维再用汉语表达出来,这在他们看来是屡试不爽的交流方式。但此策略也存在较明显的弊端,即由于学习者本民族的语言文化与汉语文化,无论是在语言本身还是隐藏在其后的文化都具有较大的差异,也就会导致表达的形式与汉语不一致,当留学生意识到时又不得不采取另一种策略去补充。

(3)合作策略,分为直接和间接策略。经研究发现,在现实的交际中交谈者不会直接询问对方那个不会的词怎么说,因为本来就不会表达,他们会求助于词典或写汉字,对于性格较内向者更是如此,他们可能会转移话题。但当语言水平逐渐提高后,留学生会使用目的语间接地引导对方想到或说出自己想要表达的内容。总的来说合作策略是留学生比较常用的策略类型。

(4)非语言策略,这在初学语言时运用得较多,在我们看来这是学习者不得已而为之的策略,它有助于交际的进一步发展,但用多了也会让学习者产生依赖心理,对于汉语水平的提高帮助甚微。可事实上,在一些中高级留学生那里也有相当一部分人乐于使用这一策略,而且我们发现,他们的性格往往比较活泼,肢体语言的表现力很强,也很生动。所以,笔者认为,使用手势在内的非言语行为的策略与语言水平之间可能并没有必然的联系,它很可能与学生的性格和表达习惯有较大的关系。

(5)检索策略,在调查中发现,留学生运用的频率不高,有些学习者认为说话时总是出现停顿,是一种自己汉语水平差,或是不自信的表现,比较影响交际时的气氛。当然,如果交际者无法找到最恰当的词时,他们多会使用交际套语。但他们却缺少此种交际技巧应有的意识。我们根据这些套语的交际功能可以给它们分为:打招呼、自我介绍、介绍他人、告别、请求对方重复、道歉与接受道歉、感谢与答谢、赞扬与祝贺、提供帮助等等许多类型。这些交际套语在日常生活交际中的使用频率很高,如果学生能琅琅上口,并学以致用,就会给交际对方留下礼貌、从容、流利的印象。因此,针对留学生对这一策略意识的缺乏,我们汉语教师有必要对他们进行套语使用的强化训练。

(二)研究结果

戴炜栋、束定芳(1994)指出:"语言使用者要在某一特定的语言环境中达到其交际的目的,除了需要必要的语言知识外,还必须有一定的社会文化知识,同时还必须具备一定的策略知识"。交际策略作为策略知识的一种,在交际遇到障碍时,是能够促使交际进行的一种有效方式。然而,通过调查发现,这种能够促进交际顺利进行的交际策略却和其他的策略知识一样,在日常没有引起学习者的重视。在对外汉语教学的课堂上,语言知识一直是教学的重点,文化知识从20世纪80年代以来也渐渐地融入了语言教学,但是策略知识由于研究范围的局限性等原因尚未得到应有的重视。

通过对第二部分的研究结果进行分析我们发现:从总体上说,来自中亚与俄罗斯的汉语学习者交际策略使用频率均不高,其中,减缩策略的使用频度均高于成就策略的使用频度。成就策略的使用频度更低,这种现象使得交际策略对汉语学习的促进作用难以发挥。但在调查问卷的交际策略观念的自测题中,经数据整理后得知,大部分学习者认为交际策略的使用可以增加语言的输入、保持交际渠道的顺畅或者增加学习者的信心,这些都有助于汉语的学习,尤其是成就策略的使用可以扩充语言手段,促进汉语的学习。由此我们可以看到,留学生对交际策略具备一定的感性认识,但还没有上升到理性认识,至于交际策略在现实交际中的恰当运用就更加无从谈起了。这说明,只靠留学生自我的认识很难对交际策略有一个理性客观的把握。综上,本研究认为应该在对外汉语教学的过程中加强交际策略意识和策略知识的培训。

(三)教学建议

首先,应提高汉语学习者交际策略意识和交际策略使用的意识。在此方面,文秋芳(2000)曾指出:"学习者的学习态度和信念会影响他们使用特定的策略"。这说明了策略意识训练的重要性。交际策略意识和交际策略使用意识是两个不同的概念。在调查研究的过程中我们发现,很多留学生对"什么是交际策略"这个问题一头雾水,因此,培训者首先应该从"什么是交际策略"这个最基本的问题入手,形象生动地把交际策略的意识灌输给学习者。

其次,本研究认为交际策略意识的培训可以与教材结合起来,一般教材中对话形式的课文交际指向性较强,可以在教授此类课文的时候引入交际策略的概念。同时,可以采用录音、录像等多媒体教学形式组织学习者共同分析其他学习者在完成交际任务中使用的策略,这种与真实场景相结合的学习方式可以加深学习者对交际策略的理解。在了解了什么是交际策略的基础上,培训者应该加强学习者交际策略使用意识的培训。尤其是对初级汉语水平者,交际策略的使用可以帮助他们保持顺畅的交际渠道,增加学习者学习汉语的信心,并且可以有效地增加语言输入,使学习者掌握更多的汉语知识。本研究认为交际策略使用意识的培训同样可以与教材结合起来,培训者为学习者提供与教材中对话课文主题相似的真实场景,组织学习者使用特定的交际策略完成交际任务。

最后,来华的汉语学习者有着天然的语言环境优势,教师可以充分利用这样的学习优势来强化交际策略的培训。本研究认为：(1)教师强化学习者更加适合目的语环境的策略意识,比如合作策略中的求助于教师或者朋友意识、目的语策略中的转述、近似表达意识等,当学习者在课堂之外的环境中遇到交际障碍时有的放矢地练习交际策略的使用,从而将交际维持下去；(2)教师可以组织学习者完成指定的交际任务,例如,在买东西的时候与中国人讨价还价或者与中国朋友共同探讨双方感兴趣的话题,在交际的过程中进行录音或者录像,之后,培训者和学习者一起分析交际策略的使用情况。李泉(1991)提出,在中高级阶段的对外汉语教学还应该有一个培养学生汉语语感的任务。他指出,语言教学的根本目的是培养学生的语言交际能力,然而使得交际能够维持和得以顺利进行下去的前提条件是交际双方必须有共同的语感,从某种意义上说语言教学的最高目标就是培养学生最终建立目的语的语感。

五、结语

仅仅研究交际策略本身没有实际的意义,只有弄清楚它的来龙去脉并将其运用在教学中,使学习者意识从感性认识的直觉上升到理性认识的自觉,才可以最大程度地发挥交际策略的作用。教师要重点分析学习者的内因(个体因素)和外因(外部环境)的差异来选择教授的策略类型。这也有助于从学习者的个性出发引导其使用合适的策略类型。毕竟交际策略对于学习语言来讲只是一种技巧,适度地借助它有益于会话的顺利进行,反之,滥用可能就会适得其反,我们最终还是应该回归到汉语语言知识的学习和掌握上。那么对于汉语教师而言,此项教学要求任重而道远。

第四章　不同环境下的汉语学习者交际策略对比研究

对于非母语的语言学习者来说，交际策略是高层次的和综合性的语言能力，对于语言水平达到较高阶段的学习者来说，交际策略对语言水平的进一步提高起重要作用。关于汉语学习者的交际策略的研究大多集中在对欧美、东亚和东南亚等地的留学生上，但对中东国家的汉语学习者和中国新疆少数民族学生的研究较少。该章使用社会科学统计软件包（SPSS19.0），采用定量和定性相结合的方式，从不同视角研究国内外学生使用交际策略的特征和差异，并探讨其原因。

研究发现，不同环境下的汉语学习者使用交际策略的相同点在于：

男女生在国外母语环境下使用各策略的频数均高于国内目的语环境下，口语水平越好的学生，使用减缩策略的频数越低。

不同环境下的汉语学习者使用交际策略的不同点在于：

从性别来看，女生在国外母语环境下使用各策略的频数高于男生，优先考虑检索策略，在国内目的语环境下使用各策略的频数低于男生,优先选择合作策略;男生使用交际策略受环境的影响不如女生明显。

从口语水平看,在国外母语环境下,口语水平越高的学生,合作策略和母语或外语策略的使用频数越低;在国内目的语环境下,口语水平越高的学生,检索策略和减缩策略的使用频数越低。

本研究的意义在于,研究不同环境下的汉语学习者使用汉语交际策略的特点和产生差异的原因,以期更有针对性地实施交际策略培训,切实有效地提高学生的汉语交际水平,为汉语教学提供参考。

一、引言

(一)研究背景简介

目前中国经济发展处于世界领先地位,中国的世界吸引力正处于前所未有的强势状态,由此引发的汉语热也促使越来越多的人投身到汉语学习的研究中来。随着孔子学院在全世界的影响力逐渐增强,学习汉语的留学生越来越多,这些汉语学习者具有自己的特点,大部分人热衷于快速掌握汉语的交际能力。针对这一学习特点,我们需要了解他们在交际过程中都会出现哪些问题,为了达到交际目的又倾向于采用什么办法解决,以便在教学中因材施教、有的放矢。

(二)研究目的和意义

回顾国内外交际策略研究的发展历程,从20世纪70年代至今,已经有了丰硕成果,产生了一些极具影响的理论,"交际策略的研究包括五个方面：交际策略的定义、特点、类型；交际策略与交际能力和语言知识的关系；影响学习者使用交际策略的主要因素；交际策略在二语习得中的作用；交际策略的可教性"。通过国内外学者对交际策略的研究，我们可以得出以下结论：在语言交际中，想要在一定的语言环境下达到自己的交际意图，语言使用者必须确保交际渠道的通畅，前提是具备一定的语言知识、社会文化知识和策略知识，语言教学的最终目标就是培养其运用语言交际的能力。研究交际策略的意义，首先在于理解二语习得过程，掌握其习得规律；其次能使教学理论和实践相结合，充分发挥交际策略在语言运用中的作用。人们对口语交际策略的研究产生浓厚兴趣，原因在于，交际能力在语言学习的整个过程中发挥着至关重要的作用，而交际能力则是语言教学的一项关键任务。鉴于国外学者对交际策略的研究，大部分都集中在口语表达上，因而需要整合交际能力和交际策略进行相关方面的研究。

以往的研究大多是对学习者交际过程的调查研究，是从"学"的角度看的，那么从"教"的角度看，汉语学习者在不同环境中，使用的交际策略存在差异。在汉语教学的过程中，需要循序渐进，有侧重点有针对性地进行教学，提出切实可行的教学建议，设计与研制的教学方法越有针对性，学习者越能自如地使用汉语。

前人的研究结果显示，不同地区、不同国籍的汉语学习者，使用的汉语交际策略会出现诸多差异，已有研究大多集中在对欧美、东亚和东南亚等地的留学生上，但对中东国家的汉语学习者和中国新疆少数民族学生的研究较少。因此，本研究在前人研究的基础上，致力于研究不同环境下的汉语学习者，主要采用问卷和访谈的方式,从总体和个体两方面进行探究,分析各自使用交际策略的特点和产生差异的原因。通过分析这些原因,为汉语教学提供一些启示,以期更有针对性地实施交际策略培训,切实有效地提高其汉语交际水平。

(三)研究思路和方法

本文有关交际策略的对比,研究对象是不同环境下的汉语学习者。就本文而言,不同环境包括两个层面,一从国别来讲,国外以埃及为例,对埃及汉语学习者来说属于纯粹的母语环境,国内以新疆为例,对新疆少数民族国家通用语学习者而言属于目的语环境;二从地区来看,针对新疆少数民族国家通用语学习者,乌鲁木齐属于目的语环境,南疆则属于母语环境。

交际策略的对比内容包括两项,一是不同环境下的不同汉语学习者交际策略的对比,针对的是母语环境下的埃及学生和目的语(国家通用语)环境下的新疆少数民族学生;二是不同环境下的同类汉语学习者的对比,针对的是这两种不同环境下的新疆学生交际策略的对比,即在母语环境下的南疆和国家通用语环境下的乌鲁木齐。在分析同类和不同类汉语学习者交际策略使用的共性和差异性之后,综合得出不同环境下的汉语学习者交际策略使用的相关结论。

本文在前人理论的启示和指导下,使用调查问卷和个案分析,运用定量统计和定性相结合的方式,主要以调查问卷为主。依据所得结果进行数据统计,然后从不同视角分析不同学生的问题。问卷要求被试者根据自己的实际情况填写量表,从群体视角下调查交际策略的使用情况。此外选取典型的个案作为会话实录的例子,对学生的谈话进行录音,从整理出的会话资料中分析出各策略的使用情况,形成一个由整体的"面"到个体的"点"这样一个认识的过程。通过这些方法,研究群体的学习者和个体的学习者,试图完成不同环境下交际策略的对比,综合分析相应的数据,并整理得出相关结论。

1. 调查对象

调查对象包括国内某大学语言学院的少数民族学生190人,国外某大学汉语专业本科班一年级到四年级共177人。国内汉语学习者以新疆大学语言学院的内地预科生为例,国外汉语学习者以埃及艾因·夏姆斯大学和开罗大学的学生为例,前者是埃及(也是阿拉伯国家和整个非洲)汉语专业开设最早和学生人数最多的学校,已达到1 000余人,后者则是埃及最有名的大学,除中文系外还设有孔子学院,共汇集了300多名学生。因此特意选择了这两所院校的汉语专业一至四年级本科生作为被试对象。

2. 测量工具

本文拟参考国内外交际策略研究中所使用的量表和问卷,第一部分为个人信息,包括姓名、性别、口语水平和汉语考试级别等。第二部分测试学习者使用各类交际策略的情况,该量表包括2个分量表,分别测量两类交际策略,即减缩策略和成就策略,成就策略中包括合作策略、母语或外语策略、目的语策略、检索策略和非语言策略。为保证留学生对问卷的正确理解和问卷结果的科学性,笔者在课余分发问卷,对学生不明白之处加以解释。使用统计软件SPSS(19.0)对调查问卷的信度进行分析,测出Asymp.Sig.(渐近显著性),分析国内外汉语学习者的交际策略特征以及内部差异,并探讨其原因。

二、目的语环境下少数民族学生的汉语交际策略研究

（一）研究问题

1. 新疆少数民族学生使用的汉语口语交际策略具有什么特征？

2. 性别、民族、地域、口语水平和学习汉语时间等个体因素的差异，对少数民族学生的汉语交际策略的选择有什么影响？

（二）调查对象

本节研究的调查对象是目的语环境下的少数民族学生，他们在新疆大学语言学院学习两年汉语，再去内地各高校上大学。调查问卷共有来自新疆大学语言学院内地预科班的190人自愿参加，收回的问卷中有效问卷共159份，回收率为83.68%。调查对象来自新疆维吾尔自治区10个地级市或地区，其中，来自伊犁哈萨克自治州的学生34人，塔城地区5人，阿勒泰地区18人，乌鲁木齐市及周边（包括昌吉回族自治州下属各市县）21人，克拉玛依市2人，吐鲁番市及哈密市33人，巴音郭楞蒙古自治州14人，阿克苏地区13人，喀什地区18人，和田地区1人。我们根据这些学生的性别、民族、地域、口语水平和学习汉语时间依次分组进行研究。

（三）调查工具

本文使用的交际策略问卷，是在国内外交际策略相关研究的基础上，结合正式调查前所作的预测，设计出一份了解汉语学

习者基本信息和交际策略使用情况的调查问卷。

　　问卷1共有两部分内容。第一部分主要是少数民族学生的基本情况,包括学生的年龄、性别、民族、学习汉语年限、MHK级别和口语水平等;第二部分是20道题,它们涵盖了20种不同类型的交际策略,每道题目均需要学生根据自身情况,使用利克特五级量表打分,1表示"从不这样做(极少或几乎不这样做)",2表示"很少这样做(有一半时间这样做,但做的次数比1多)",3表示"有时这样做(有一半的时间不这样做)",4表示"经常这样做(有一半以上的时间这样做)",5表示"总是这样做(几乎都这样做)"。

　　为了防止被试者出现理解障碍,在问卷中我们回避专业术语,尽量使用简洁明了的语言来表述交际策略各个项目,例如:"说一句话时,有时用汉语,有时用自己的母语或对方的母语"指的是语码转换。同时,为了保证问卷的效度,交际策略分类在问卷中的顺序被打乱,各种策略的题目交互出现,避免被试在回答问题时产生惯性思维,最大限度保证问卷的有效性。本文"交际策略"从定义到分类都采用 Farech & Kasper 的。Farech & Kasper(1983)认为交际策略是在某人完成特定交际目的中遇到困难无法解决时采用的潜意识计划。交际策略分为两种,一是减缩策略,即逃避问题,包括对交际目标的放弃。二是成就策略,是指当学习者决定保持初始的交际目标,对不足的语言手段所采用的补救措施,或者是为寻找到所需要的交际内容所作的努力。具体分类如下表。

表1　汉语交际策略类型表

类型		分类	解释
减缩策略	形式减缩	放弃信息或回避话题	直接放弃
		个别词代整句	不知道语法规则时只说出单个的词非整句话
	功能减缩	转换话题	在交谈中放弃前一话题转向另一话题
		答非所问	逃避问题,有意或无意做与问题无关的回答
成就策略	合作策略	直接询问/让对方重复	询问对方或老师
		间接合作——查字典	合作字典解决问题
	母语或外语策略	说母语	使用自己的母语
		直译	把母语逐字翻译成汉语
		说对方的母语	使用对方的母语以让对方明白
		语码转换	时而用母语时而用汉语或其他外语来表达
	目的语策略	释义(迂回转述)	学习者无法说出某词时对该词所指的事物或事件进行或详或略地描述
		近义词或容易的词替换	使用与所用的词近似或容易的表达法
		生造词	学习者编造出新词
		重组	重复自己所说的但不是简单的重复而是重组
		书面语代替口语	把要说的用写汉字的形式表达出来(还包括写拼音或画画这些书面表达方法)
	非语言策略	手势动作等体态语	用非言语行为来表达
	检索策略	停顿或套语	停下来赢得等待思考的时间或使用套语
		猜测	利用语义场猜测

采用问卷形式分析得出的结论,可以客观地反映出汉语学习者的整体情况,而为了更加深入探究各种因素对选择策略的影响,我们除了采用问卷形式,还设计了一个会话任务,指定一个话题,即"谈一谈最近的一次购物",让数名学生围绕该话题进行讨论。为了尽可能了解学生说汉语时的真实情况,每位学生的表达内容都进行录音,笔者从旁观察记录他们在口语表达时的手势动作和面部表情这些非言语行为,将录音整理成具体的文字内容,这些文字内容不经过任何删改,尽量保持语言的原始状态。

(四)数据统计

依据 Oxford(1990)的解释,我们使用克隆巴赫 α 系数(Cronbach's alpha Coefficient)对问卷1第二部分的信度进行检验,结果见表2(N指样本容量)。

表2 交际策略量表的信度(N=159)

项目	问卷总体	减缩策略	成就策略
α系数	0.856	0.765	0.830

通常克隆巴赫 α 系数的值在0和1之间。如果 α 系数不超过0.6,一般认为量表信度不足,达到0.7~0.8时表示量表具有相当的信度,达到0.8~0.9时说明量表信度非常好。从克隆巴赫 α 系数来看,问卷总体和问卷分内容的 α 系数均在0.7以上,说明该问卷有比较好的信度。

1. 性别与交际策略使用的关系

本研究中,我们按照性别分为两组,女生组84人,男生组75人。依据 Oxford(1990)的解释标准,3.5~5.0为高频值,2.5~3.4为中频值,1.0~2.4为低频值。通过对问卷1第二部分的数据分析,表3分别是男生和女生使用策略的情况,数据是统计得出的平均值和标准差(表中M指平均值,SD指标准差)。

表3　男生和女生的交际策略使用情况

策略类型		女生		男生	
		M	SD	M	SD
减缩策略		2.20	0.85	2.25	0.94
成就策略	合作策略	3.20	1.01	2.98	1.18
	母语或外语策略	3.16	1.09	2.91	1.20
	目的语策略	3.06	0.92	3.00	0.97
	非语言策略	2.30	0.91	2.40	1.01
	检索策略	3.40	0.91	3.31	1.01

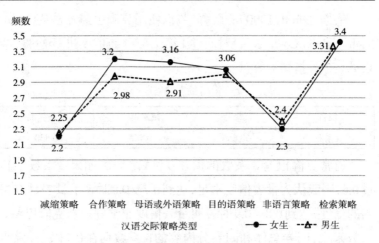

图1　新疆男女生使用交际策略折线图

　　由以上数据可知,新疆少数民族的学生,无论是男生还是女生,使用的交际策略都基本以中频和低频为主,都将检索策略作为首要考虑的策略。不同之处在于,女生使用的各种策略包含高频、中频和低频策略,层次分明,而男生使用的策略中没有高频策略,只有中频和低频策略。

采用独立样本T检验的结果显示,在合作策略以及母语或外语策略的使用上,男女生之间存在显著性差异,其中合作策略的显著性水平为0.044(P<0.05),母语或外语策略的显著性水平为0.015(P<0.05),因此,男女生在母语或外语策略的使用上,差异性更加明显。当交际遇到困难,不知道怎样用汉语表达时,男生更倾向于使用母语或外语策略,也就是使用自己的母语,或者根据母语的表达生硬地翻译成汉语的形式。这种情况下,对方不容易弄懂说话人所表达的意思。女生则较多地使用合作策略,在谈话过程中如果想不出适当的词,会询问对方、要求对方重复话语或借助字典等,说明女生在遇到交际障碍时,会以最快捷有效的方式来完成交际,准确表达自己所说的意思,而男生则相对懒散,用主要词汇大概表达自己的意思即可,倾向于用间接的方式。因此,女生比男生表现得更积极,使用的交际策略更有效。这也验证了前人的研究结论,Fishman(1978)心理学研究表明,与男性相比,女性场依赖性较强,场独立性较弱,她们解决问题时往往更多地依赖周围环境以及环境中的人,很少依靠自己的力量独立解决问题。

总体而言,男女生使用最多的均是检索策略,这和我们的会话录音结果相吻合。在会话过程中,我们让学生谈论自己的一次购物经历,一名哈萨克族男生说"特价的时候一定不要欺骗,嗯,被欺骗一定要谨慎"时,他意识到自己前半句的"欺骗"一词用错,应该是"被欺骗",因此,他用"嗯"来稍作停顿,赢得了思考的时间,后半句的"被欺骗一定要谨慎"就是他思考后,意识到前半句的用词有误,及时纠正了后半句的说法。另一名维吾尔族女生所说"那个南门离我们学校很远,嗯,小西门很远,南门没有那么远"也是如此,学生不知道怎样用汉语来表达时,会停顿一下,利用"嗯、呃、我觉得"等词语来赢得思考的空间。当不明白对方所说内容,会利用情景来猜测大概意思,比如"你说的是这个意思吗?",这样的情况在会话中经常出现。

2. 不同民族与交际策略使用的关系

我们按照学生的民族分为三组:维吾尔族(89人)、哈萨克族(68人)和其他少数民族(2人)。通过对问卷1第二部分的数据分析,不同民族的学生交际策略使用情况的均值和标准差如表4。

表4　不同民族的学生交际策略使用情况

策略类型			维吾尔族		哈萨克族		其他	
			M	SD	M	SD	M	SD
减缩策略			2.21	0.90	2.45	0.83	2.50	1.06
成就策略	补偿策略	合作策略	3.14	1.08	3.12	1.12	3.67	0.47
		母语或外语策略	3.02	1.13	2.85	1.11	4.25	0.71
		目的语策略	2.99	0.96	3.08	0.91	3.00	0.94
		非语言策略	2.40	1.03	2.31	0.83	2.00	0
	检索策略		3.40	0.96	3.38	0.94	2.51	0.71

在回收的159份有效问卷中,维吾尔族学生的问卷89份,占总数的56%;哈萨克族学生68份,占总数的42.8%;其他少数民族2份,占总数的1.2%。由于其他少数民族的问卷所占比例较小,不具有代表性,本节主要探讨维吾尔族和哈萨克族的汉语学习者使用交际策略的特点。

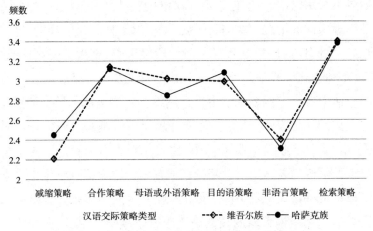

图2 新疆不同民族学生使用交际策略折线图

根据以上数据可知,不同民族的学生使用的交际策略均是中频策略(2.5~3.4)和低频策略(1.0~2.4),没有高频策略出现,以中频策略为主,检索策略使用最多,减缩策略使用较少。看来不同民族的学生在汉语交际时,为了让对话顺利进行下去,会经常利用语义场猜测或停顿思考这些方式,其次就是直接询问对方、要求对方重复话语或借助字典查询。

独立样本T检验的结果显示,母语或外语策略和减缩策略的使用上,不同民族学生之间存在显著性差异,其中母语或外语策略的显著性水平为0.044(P<0.05),维吾尔族学生更频繁地使用该策略;减缩策略(包括形式减缩策略和功能减缩策略)的显著性水平为0.015(P<0.05),哈萨克族学生更倾向于使用该策略。在无法准确地用汉语来表达时,维吾尔族学生会采用维吾尔语来表达,或是根据维吾尔语的习惯性表达,直接翻译成汉语的形式,这种翻译往往不符合汉语的表达规则,说明他们对维吾尔语的依赖性还很强。在会话过程中,维吾尔族学生在谈话时,

如果不会用汉语表达,他们会在汉语中夹杂维吾尔语,比如会话中出现这样的情况,"穿前看了鞋子的号码,两只是一样的,这一双'□'的篮球鞋,这是我'□'的一段经历中,难买的一双鞋吧""我不知道该买哪种的外套,所以就直接买了一个牛仔'□'",这两句话中带"□"的都是学生直接用维吾尔语说的。另一种情况是直接翻译成汉语,比如一名维吾尔女生讲她买衣服的经历时说"南门,卖我们穿的那种休闲,比较年轻人合适穿的",这是按照维吾尔语的表达形式直接翻译成汉语。哈萨克族学生也会采用母语或外语策略,但不如维吾尔族学生使用得频繁。哈萨克族学生使用减缩策略的频数高于维吾尔族学生,他们在交谈过程中,对于自己无法驾驭的表达方式,不会做更多的尝试,只说一两个提示词让对方明白主要意思,或者干脆放弃。

3. 不同地区与交际策略使用的关系

本研究的调查对象来自新疆维吾尔自治区 10 个地级市或地区,以天山为界,天山以北为北疆,天山以南为南疆。北疆包括伊犁哈萨克自治州、塔城地区、阿勒泰地区、克拉玛依以及乌鲁木齐市周边各县市,南疆包括巴音郭楞蒙古自治州、阿克苏地区、喀什地区以及和田地区。另外,吐鲁番及哈密市较为特殊,它们处于新疆的最东端,吐鲁番市的维吾尔族较多,哈密市的汉族较多,天山没有延伸到这里,本节将此单独划为东疆。我们按照学生所属地区分为三组:北疆组、南疆组和东疆组。其中,来自北疆的学生 80 人,占总数的 50.3%;南疆 46 人,占总数的 28.9%;东疆 33 人,占总数的 20.8%,具体情况见图 3。

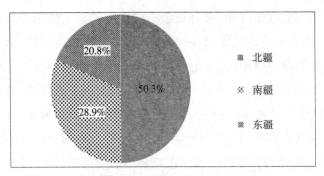

图3 新疆少数民族学生所属地区总体情况

表5 不同地区的新疆学生交际策略使用情况

策略类型			北疆		南疆		东疆	
			M	SD	M	SD	M	SD
减缩策略			2.26	0.86	2.17	0.88	2.20	0.94
成就策略	补偿策略	合作策略	3.10	1.09	3.07	1.06	3.13	1.12
		母语或外语策略	2.96	1.14	2.95	1.08	3.01	1.22
		目的语策略	3.02	0.90	2.86	0.98	3.17	0.96
		非语言策略	2.40	0.88	2.50	1.05	2.31	0.93
	检索策略		3.39	0.99	3.22	0.90	3.61	0.89

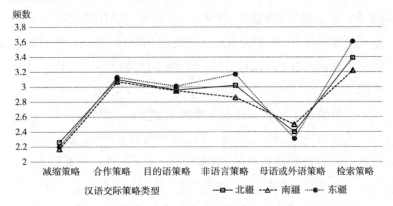

图4 不同地区的新疆学生使用交际策略折线图

从以上数据可知,来自新疆不同地区的学生使用交际策略时,均优先考虑成就策略中的检索策略、合作策略、目的语策略以及母语或外语策略,非语言策略和减缩策略使用较少。南北疆学生使用各策略以中频和低频为主,没有高频的策略,这两片地区的情况基本相同,东疆的学生则与南北疆学生明显不同,使用的策略有高频、中频和低频,层次分明。采用独立样本T检验,存在显著性差异的是检索策略和目的语策略,其中检索策略的显著性水平为0.016(P<0.05),目的语策略的显著性水平为0.040(P<0.05),东疆学生更频繁地使用这两种策略,在检索策略的使用上,不同地区的学生之间差异更加明显。东疆学生是比较特殊的一类,他们在口语表达中,遇到交流障碍时,经常会出现停顿,用"嗯、啊"等语气词来赢得思考时间,或是在具体语境中,利用自己所掌握的汉语来猜测对方的意思。当不会用一个词或一句话来准确表达自己的意思时,有时还会采用相似或相近的表达,会使用"比如说"这种举例子的方式,使用较容易的词,创造出一个新词,也许这个词并不符合汉语的逻辑。在对话过程中当对方听不懂时,会重复自己所表达的内容,采用书面形式写下来。相比其他地区的学生,东疆学生使用的交际策略的形式更加多样化,也更为有效。因此在话题讨论环节,我们着重研究了东疆学生的口语表达情况,得出的结论与以上数据是一致的。

本节摘录了一名来自东疆哈密的学生的会话内容:

暑假的一天,呃,我正好,正好我和妈妈去购物,正好赶上了赶集。我们村那边的赶集,通常说巴扎,这个巴扎对我们来说,对很多人来说,很陌生,但是大巴扎,从巴扎上购物很快乐。我和妈妈,嗯,连忙去了我们家附近的大巴扎,摆摊上摆出了很多东西,呃,让人眼花缭乱,呃,水果,呃,水果的香味扑鼻,漂亮的衣服挂在了墙上,嗯,有的在一边喊自己的衣服漂亮,有的在一边边喊边卖,旁边有人在,呃,讨价还价,呃,我们从巴扎里面买了很多日用品,价格又便宜,特别实用,嗯,价格也很划算,虽然不是在大市场,嗯,超级市场的那么好,但是挺适合我们的使用,嗯,这一天我和妈妈走遍了整个赶集,嗯,还买了很多很多的物品,在一家店买了,嗯,圆圆的,里面有肉,我不知道汉语怎么说,我很喜欢吃,我还喜欢吃串串里面那种白色的,有孔的菜。虽然很累,但是购物的欢乐,嗯,购物的乐趣真的让人更加快乐。

在这段会话内容中,多次出现"嗯、呃",这是采用的检索策略,比如"摆出了很多东西,呃,让人眼花缭乱"中,"眼花缭乱"这个词是在利用"呃"停顿时想到的词。又如"但是购物的欢乐,嗯,购物的乐趣真的让人更加快乐",当学生说出"欢乐"时,意识到搭配不当,因此采用"嗯"赢得停顿思考的时间,将"欢乐"换成"乐趣"。目的语策略的使用在此也体现出来,"圆圆的,里面有肉""我还喜欢吃串串里面那种白色的,有孔的菜,"这两处分别是想表达"肉夹馍"和"莲藕",学生无法用汉语准确地说出这两个词,就对所指事物进行具体的描述。

4. 不同口语水平与交际策略使用的关系

根据学生对自身口语水平的自评,并结合MHK口语考试的成绩,我们将159名学生的口语水平分成三个层次:好、中等和不好,他们使用交际策略的情况见以下图表。

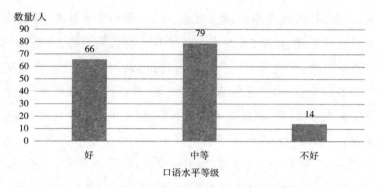

图5 新疆少数民族学生口语水平情况分布图

表6 不同口语水平的新疆学生交际策略使用情况

策略类型			好		中等		不好	
			M	SD	M	SD	M	SD
减缩策略			2.13	0.86	2.30	0.86	2.59	0.93
成就策略	补偿策略	合作策略	3.07	1.09	3.21	1.06	3.23	1.24
		母语或外语策略	2.81	1.13	3.06	1.10	3.36	1.15
		目的语策略	2.98	0.98	3.09	0.91	3.12	0.93
		非语言策略	2.33	0.98	2.38	0.84	3.00	1.11
	检索策略		3.40	1.08	3.52	0.84	3.64	0.82

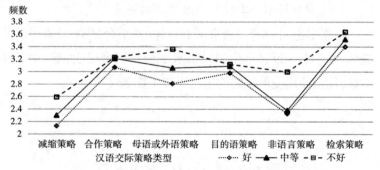

图6 不同口语水平的新疆学生使用交际策略折线图

由上面的数据可以看出,不同口语水平的学生使用的交际策略以成就策略为主,检索策略使用最多,非语言策略使用较少,使用最少的是减缩策略。口语水平中等和不好的学生使用的策略有高频、中频和低频,口语水平好的学生使用的策略较为单一,只有中频和低频策略。学生口语水平越高,各策略的使用频数越低。这说明,随着学生口语水平的提高,他们在交际中运用语言的能力增强,对各交际策略的依赖性逐渐降低。在各策略的使用规律上(表现在曲线的走向上),口语水平中等的学生同水平好的学生比较接近,而口语水平不好的学生同前两者差别较大,尤其是非语言策略,使用频数明显较高。

采用独立样本 T 检验,存在显著性差异的策略,按显著性水平由大到小排列,依次为非语言策略(0.009)、母语或外语策略(0.010)和减缩策略(0.013)。口语水平不好的学生总是使用非语言策略,在谈话过程中,如果不知道适当的汉语表达方式,往往会加上一些手势动作来解决表达遇到的困难,因为他们所掌握的汉语词汇相对较少,某些汉语表达还不能熟练运用。口语水平好的学生运用语言的能力明显高于口语水平低的学生,因此在汉语表达时往往更加自信。在会话实录中,不同口语水平的学生之间的差异也比较明显,口语水平不好的学生在谈购物时,大多使用简单句,用只言片语叙述,有的学生谈论的内容看似很多,却往往围绕同一个意思在叙述,对整件事情缺少系统完整的表述。口语水平好的学生在叙述这个话题时,可以在简单的表述中,加入自己的感受,对事件进行相应的拓展,这体现出他们对汉语良好的驾驭能力。

5. 汉语学习时间与交际策略的关系

按照学习汉语时间的不同,我们将学生分为三组:九年以下

（19人）、十年（103人）和十一年以上（37人）。学习汉语时间与交际策略使用情况见下表。

表7　学习汉语时间与交际策略使用情况

策略类型			九年以下		十年		十一年以上	
			M	SD	M	SD	M	SD
减缩策略			2.40	0.88	2.26	0.90	2.03	0.79
成就策略	补偿策略	合作策略	3.22	1.18	3.09	1.08	2.92	1.04
		母语或外语策略	3.01	1.03	2.94	1.17	2.89	1.08
		目的语策略	3.08	1.04	3.06	0.93	2.96	0.92
		非语言策略	2.43	1.12	2.39	0.88	2.27	1.04
	检索策略		3.50	0.77	3.38	0.96	3.32	1.02

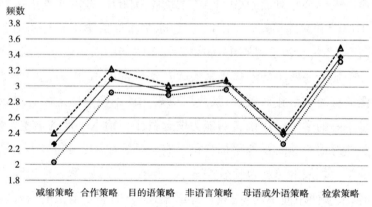

图7　不同学习汉语时间的新疆学生使用交际策略折线图

　　由上表可知，学习汉语时间不同的学生中，使用最多的是检索策略，最少的是减缩策略。在各类交际策略的使用上，学生学习汉语的时间越长，这些策略的使用频数越低。学习汉语时间在九年以下的学生，使用的交际策略呈高频、中频和低频分布；

学习汉语在十年以上的学生使用的策略,只有中频和低频策略。

　　采用独立样本T检验,存在显著性差异的是合作策略(P=0.016<0.05)和减缩策略(P=0.001<0.05),学生们在减缩策略的使用上存在的差异更明显。这一点很容易理解,随着学习汉语时间的增加,学生掌握的词汇逐渐增加,语言表达能力逐渐增强,在口语表达时就减少了询问他人或借助字典查询的几率。学习汉语时间在九年以下的学生,他们的语言运用能力相对较弱,没有完全掌握汉语的语法规则,无法流利地说出整句话,通常选择说单个的词或转移话题,有的干脆直接放弃。

(五)国内目的语环境下国家通用语学习者交际策略的总体特征

　　在可能对新疆少数民族学生的交际策略使用产生影响的个体因素中,我们选择了性别、民族、地区、口语水平和学习国家通用语时间这五个因素进行分析,发现这些因素与汉语口语的交际策略的使用有着不可分割的联系。少数民族学生使用交际策略的情况如图8。

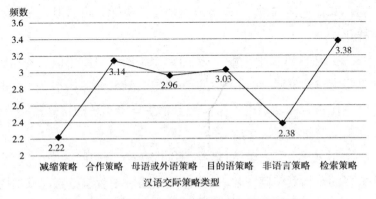

图8　新疆少数民族学生使用交际策略的总体情况

　　总体看来,目的语环境下的新疆学生使用的交际策略以中频和低频为主,没有出现高频的策略,各策略从高到低排序:检索策略>合作策略>目的语策略>母语或外语策略>非语言策略>减缩策略。检索策略、合作策略、目的语策略和母语或外语策略为中频策略,非语言策略和减缩策略为低频策略。具体情况如下:

　　① 从性别来看,男女生都将检索策略作为首要考虑的策略,而在母语或外语策略和合作策略的使用上,男女生之间存在显著性差异,女生表现得更积极,使用的交际策略类型更丰富,效果也更明显。

　　② 从民族来看,不同民族的学生使用最多的是检索策略。不同之处在于,维吾尔族学生倾向于使用母语或外语策略,哈萨克族学生倾向于使用减缩策略。

　　③ 从地区来看,不同地区的学生使用最多的是检索策略和合作策略。南北疆学生使用的策略中没有高频策略,东疆的学生使用的策略有高频、中频和低频,层次分明。在目的语策略和检索策略的使用上,东疆的学生与南北疆的学生存在较大差异。相比其他地区的学生,东疆学生使用的交际策略的形式更加多样化。

　　④ 从口语水平来看,不同口语水平的学生使用最多的积极策略是检索策略,使用最少的是非语言策略,而口语水平不好的学生比较青睐非语言策略。随着学生口语水平的提高,各类交际策略的使用频数逐渐降低。

　　⑤ 从学习汉语时间来看,不同学习汉语时间的学生,使用最多的是检索策略,最少的是减缩策略。随着学生学习汉语时间的增加,各类交际策略的使用频数逐渐降低。

三、母语环境下埃及学生的汉语交际策略研究

（一）研究问题

1. 埃及学生的汉语口语交际策略使用具有什么特征？

2. 性别、口语水平和学习汉语时间等个体因素的差异，对埃及学生的汉语交际策略的选择有什么影响？

（二）调查对象

本节研究的调查对象是外语环境下的埃及学生，以埃及艾因·夏姆斯大学和开罗大学的学生为例，前者是埃及（也是阿拉伯国家和整个非洲）汉语专业开设最早和学生人数最多的学校，已达到1 000余人，后者则是埃及最有名的大学，除了中文系还设有孔子学院，共汇集了300多名学生。因此特意选择了这两所院校的汉语专业一至四年级本科生作为被试对象，共有177人自愿参加，收回有效问卷共154份，回收率为87%。

（三）调查工具

关于埃及学生的调查，本研究使用的是交际策略问卷2，该问卷和少数民族学生的问卷大致相似，只有第一部分的内容不同，即埃及学生的基本情况，包括在孔子学院学习汉语的时间和HSK级别等。

（四）数据统计

关于埃及学生的问卷2，我们采用克隆巴赫α系数（Cronbach's alpha Coefficient)对问卷2的第二部分的信度进行检验，结果见表8(N指样本容量)。

表8　交际策略量表的信度(N=154)

项目	问卷总体	减缩策略	成就策略
α系数	0.635	0.624	0.660

从克隆巴赫α系数来看，问卷总体和问卷分内容的α系数均在0.6以上，说明该问卷有良好的信度。

1. 性别与交际策略使用的关系

本研究中，我们按照性别，将埃及学生分为两组，女生组21人，男生组133人。通过对问卷2第二部分的数据分析，下列图表是男生和女生使用交际策略的情况，数据是统计得出的平均值和标准差。

表9　男生和女生的交际策略使用情况

策略类型			女生		男生	
			M	SD	M	SD
减缩策略			2.74	1.24	2.67	1.23
成就策略	补偿策略	合作策略	3.52	1.23	3.76	1.26
		母语或外语策略	3.09	1.35	3.13	1.34
		目的语策略	3.90	1.07	3.56	1.15
		非语言策略	4.38	0.81	4.23	1.27
	检索策略		3.81	1.11	4.20	1.13

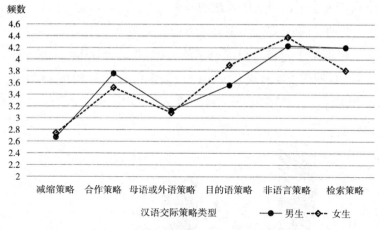

图9 埃及男女生使用交际策略折线图

由以上数据可知,埃及的男女生使用的策略,都是高频和中频策略,以高频策略为主,而且都喜欢使用非语言策略和检索策略,不喜欢使用母语或外语策略和减缩策略;就使用频数而言,男生的检索策略和非语言策略频数更高,而女生则是非语言策略和目的语策略。采用独立样本T检验的结果显示,在合作策略、目的语策略和检索策略的使用上,男女生之间存在显著性差异,其中合作策略的显著性水平为0.044(P<0.05),目的语策略和检索策略的显著性水平均为0.010(P<0.05),因此男女生在目的语策略和检索策略的使用上存在的差异更大。他们在用汉语交流时,都希望尽最大的努力完成对话,大部分男生由于所积累的汉语词汇量有限,在说话时会利用"啊""嗯"或者"怎么说呢"来停顿一下,给自己时间思考怎样用汉语表达。当听不懂对方表达的某些词,会利用情景和自己所学知识来猜测大概意思。在口语表达上,女生使用的交际策略更加多样化,她们往往采用相似的表达、举例子、创造新的词语或干脆采用书面形式等,力

求对方完全明白自己所表达的意思。

2. 不同口语水平与交际策略使用的关系

根据学生对自身口语水平的自评,并结合 HSK 口语考试的成绩,我们将 154 名埃及学生的口语水平分成三个层次:好、中等和不好,他们使用交际策略的情况见下列图表。

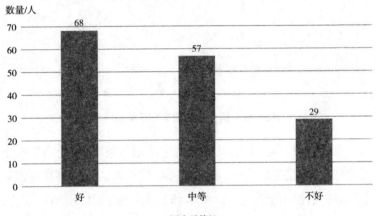

图 10　埃及学生口语水平分布图

表 10　不同口语水平的埃及学生交际策略使用情况

策略类型			好		中等		不好	
			M	SD	M	SD	M	SD
减缩策略			2.55	1.17	2.84	1.20	2.98	1.27
成就策略	补偿策略	合作策略	3.77	1.19	3.70	1.26	3.39	1.43
		母语或外语策略	3.06	1.28	3.09	1.36	3.30	1.39
		目的语策略	3.97	1.09	3.87	1.11	3.49	1.29
		非语言策略	3.87	1.37	3.84	1.24	4.55	0.91
	检索策略		4.06	0.92	3.69	1.25	3.54	1.24

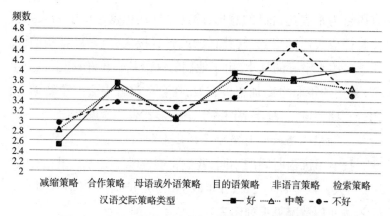

频数

图11 不同口语水平的埃及学生使用交际策略折线图

由上面的数据可以看出,不同口语水平的埃及学生,使用的交际策略情况有规律可循。口语水平越好的学生,检索策略、合作策略和目的语策略的使用频数越高,母语或外语策略和减缩策略的使用频数越低。口语水平不好的学生,非语言策略的使用频数最高,口语水平中等的学生非语言策略的使用频数反而最低。此时出现两种极端:口语水平优秀的学生,检索策略的使用频数远高于其他策略;口语水平不好的学生,非语言策略的使用频数远高于其他策略。在各策略的使用规律上(表现在曲线的走向上),口语水平中等的学生同水平好的学生比较接近,而口语水平不好的学生同前两者差别较大,尤其是非语言策略,使用频数明显偏高。

采用独立样本T检验,存在显著性差异的策略,按显著性水平由大到小排列,依次为减缩策略(0.001)、母语或外语策略(0.001)、目的语策略(0.003)、检索策略(0.008)、非语言策略(0.032)。口语水平不好的学生遇到交际障碍时,由于词汇量不足,所要表达内容无法用汉语确切描述,经常使用手势动作等非言语行为来表达自己的意思,除此之外还根据母语中的表达直接翻译成汉语的形式,转移话题或者直接放弃,显得有些消极。汉语口语水平好的学生,由于他们的汉语基础较好,词汇量更丰富,采用的策略也更加积极有效,在会话过程中会编造新词、使用近义词替换、用汉字或图画等书面形式表达所说事物。

3. 学习汉语时间与交际策略的关系

按学习汉语时间的不同,我们将埃及学生分为三组:三年以下(53人)、四年(88人)和五年以上(13人)。学习汉语时间与交际策略使用情况见下列图表。

表11 学习汉语时间与交际策略使用情况

策略类型			三年以下		四年		五年以上	
			M	SD	M	SD	M	SD
减缩策略			2.62	1.24	2.68	1.18	3.23	1.40
成就策略	补偿策略	合作策略	3.81	1.32	3.73	1.16	2.95	1.44
		母语或外语策略	3.24	1.30	3.01	1.30	2.79	1.66
		目的语策略	3.88	1.12	3.98	1.04	2.99	1.42
		非语言策略	3.84	1.36	4.03	1.13	3.60	1.27
	检索策略		3.94	1.17	4.07	1.02	3.08	1.31

由以上数据可知,随着埃及学生学习汉语时间的增加,减缩策略的使用频数呈现递增趋势,合作策略和母语或外语策略的使用频数呈递减趋势。检索策略、目的语策略和非语言策略的使用频数和学习汉语时间的关系并不明显,学习汉语时间为四年的学生,在这三种策略上的使用频数最高。埃及学生学习汉语的时间越长,高频策略出现得越少。这也印证了前人的研究结论,"在语言熟练程度的两个极端,交际策略的使用都并不普遍,初学者不具备大量使用交际策略的语言储备,而高水平者无需使用交际策略"。采用独立样本T检验,存在显著性差异的策

略,按显著性水平由大到小排列,依次为合作策略(0.003)、目的语策略(0.003)、检索策略(0.006)、减缩策略(0.018),存在最显著差异的是合作策略和目的语策略。学习汉语时间在四年以下的学生,合作策略、目的语策略和检索策略的使用频数较高,而学习汉语时间在五年以上的学生,除了减缩策略,其他各种策略的使用频数均低于另外两组学生。由此可以看出,学习汉语时间短的学生,他们所掌握的汉语句式和词汇量十分有限,从头脑中提取恰当的汉语词语有时会比较困难,为了让谈话顺利进行,会询问对方,利用工具书等来勉强表达自己的意思,因此各种交际策略使用得比较频繁。

(五)国外母语环境下汉语学习者交际策略的总体特征

在可能对埃及汉语学习者使用的口语交际策略产生影响的个体因素中,我们选择了性别、口语水平和学习汉语时间这三个因素进行了分析,发现这些因素与汉语口语的交际策略的使用有着密切联系。埃及学生使用交际策略的具体情况如图12。

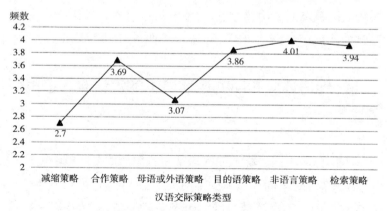

图12 埃及学生使用交际策略的总体情况

总体看来,母语环境下的埃及学生使用的交际策略以高频和中频出现,没有出现低频的策略,各策略从高到低排序:非语言策略>检索策略>目的语策略>合作策略>母语或外语策略>减缩策略。非语言策略、检索策略、目的语策略和合作策略为高频策略,母语或外语策略和减缩策略为中频策略。

① 从性别来看,男女生都喜欢使用非语言策略和检索策略,都不喜欢使用母语或外语策略和减缩策略,在目的语策略和检索策略的使用上存在的差异性较大;就使用频数而言,男生的检索策略和非语言策略的使用频数更高,而女生则是非语言策略和目的语策略。

② 从口语水平看,埃及学生使用的策略出现两种极端,口语水平优秀的学生倾向于使用检索策略,口语水平不好的学生倾向于使用非语言策略;在各策略的使用规律上,口语水平中等的学生同水平好的学生比较接近,而口语水平不好的学生同前两者差别较大,尤其是非语言策略,使用频数明显较高。

③ 从学习汉语时间来看,埃及学生学习汉语的时间越长,各种交际策略的使用频数越低;检索策略、目的语策略和非语言策略的使用频数,在学习汉语时间为四年的学生中最高。

四、母语环境和目的语环境下的汉语学习者策略对比

本部分对不同环境下的汉语学习者使用的交际策略进行对比,第一节针对不同环境下的不同类汉语学习者,第二节针对不同环境下的同类汉语学习者。由于条件限制,无法找到来自埃及的留学生,因此第一节对比的是国内目的语环境下的新疆本

土学生和国外母语环境下的埃及学生,重点研究环境的不同对学生使用交际策略的影响。

(一)不同环境下的不同类汉语学习者交际策略对比

不同类汉语学习者即并非同一类学习者,本节指的是埃及开罗的汉语学习者和中国新疆的汉语学习者,不同环境指埃及开罗的母语环境和中国新疆的目的语环境。

1. 研究问题

(1)埃及开罗的汉语学习者和中国新疆的汉语学习者在不同环境下(埃及开罗的母语环境和中国新疆的目的语环境),使用的汉语口语交际策略具有什么特征?

(2)性别和口语水平的差异,对埃及开罗和中国新疆的汉语学习者的汉语交际策略的选择分别有什么影响?

2. 调查对象

本节研究的调查对象是国外母语环境下的埃及开罗汉语学习者和国内目的语环境下的新疆少数民族汉语学习者,埃及的调查对象仍是艾因·夏姆斯大学和开罗大学的学生,国内少数民族的调查对象仍是新疆大学语言学院的学生,其中埃及开罗学生154人,中国新疆学生159人。通过比较两类学生使用交际策略的不同,探讨在埃及开罗的母语环境和中国新疆的目的语环境下,他们使用交际策略的特征以及影响交际策略选择的因素。

3. 调查工具

本节使用的交际策略问卷有两种,新疆少数民族学生的问卷仍是问卷1,埃及学生的问卷是问卷2,问卷1和问卷2不同之处在于第一部分的基本信息,第二部分的调查内容则完全一致。

4. 数据统计

此部分的问卷数据分为两类,一类是埃及母语环境下的数据,另一类是新疆目的语环境下的数据,我们采用克隆巴赫α系数分别对两类问卷第二部分的信度进行检验,结果见表12(N指样本容量)。

表12　交际策略量表的信度

项目		α系数
埃及开罗(N=154)	埃及总体	0.635
	减缩策略	0.624
	成就策略	0.660
中国新疆(N=159)	新疆总体	0.856
	减缩策略	0.765
	成就策略	0.830

从克隆巴赫α系数来看,两类问卷的α系数均在0.6以上,说明这两类问卷均有良好的信度。

(1)总体情况

埃及开罗学生和中国新疆少数民族学生使用各种汉语交际策略的情况各不相同,具体情况如图13。

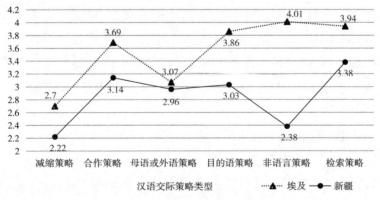

图13　不同环境下的学生使用交际策略总体情况

从图中可以看出,总体看来,母语环境下的埃及学生使用的交际策略以高频和中频出现,没有出现低频的策略;目的语环境下的新疆学生使用的交际策略则以中频和低频为主,没有出现高频的策略。埃及开罗学生和中国新疆学生在检索策略、合作策略、目的语策略、非语言策略和减缩策略的使用上,存在明显差异,其中非语言策略和目的语策略的差异性最大,尤其是非语言策略,它是母语环境下埃及学生的最爱,却是新疆学生积极策略中最不感兴趣的。两类学生在母语或外语策略的使用上的差异性则不明显。

(2)性别与交际策略使用的关系

本节按照性别将埃及学生和少数民族学生各分为两组,下列图表分别是母语环境下的埃及学生和目的语环境下的少数民族学生使用交际策略的情况。

表13　男生和女生的交际策略使用情况(埃及)

策略类型			女生		男生	
			M	SD	M	SD
减缩策略			2.67	1.24	2.94	1.23
成就策略	补偿策略	合作策略	3.50	1.23	3.42	1.26
		母语或外语策略	3.13	1.35	2.70	1.34
		目的语策略	3.86	1.07	3.90	1.15
		非语言策略	3.93	0.81	4.48	1.27
		检索策略	3.97	1.11	3.81	1.13

表14　男生和女生的交际策略使用情况(新疆)

策略类型			女生		男生	
			M	SD	M	SD
减缩策略			2.20	0.85	2.25	0.94
成就策略	补偿策略	合作策略	3.20	1.01	3.10	1.18
		母语或外语策略	3.10	1.09	2.91	1.20
		目的语策略	3.06	0.92	3.00	0.97
		非语言策略	2.20	0.91	2.40	1.01
	检索策略		3.44	0.91	3.31	1.01

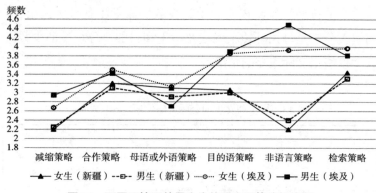

图14　不同环境下的男女生使用交际策略折线图

　　从上面的数据可以看出,就不同的环境而言,在埃及的母语环境下,男女生使用的高频策略较多,高频策略中非语言策略使用最多。采用独立样本T检验,埃及的男女生只在检索策略和目的语策略的使用上存在显著差异性,其中检索策略的显著性水平为0.010(P<0.05),目的语策略的显著性水平为0.022(P<0.05),在合作策略、母语或外语策略、非语言策略和减缩策略的使用上,不存在显著性差异。非语言策略、目的语策略、合作策

略和检索策略为高频策略,母语或外语策略和减缩策略为中频策略,埃及女生检索策略的使用频数高于男生,而男生目的语策略的使用频数高于女生。在新疆的目的语环境下,男女生使用的中频策略较多,中频策略里检索策略使用最多,他们在合作策略以及母语或外语策略的使用上存在显著性差异。换言之,新疆男生母语或外语策略的使用频数高于女生,而女生合作策略的使用频数高于男生。

就不同性别而言,女生在母语环境下,使用的策略均是高频和中频策略,没有低频策略,非语言策略、目的语策略、合作策略和检索策略为高频策略,母语或外语策略和减缩策略为中频策略;在目的语环境下使用的策略以中频为主,没有高频策略,检索策略、合作策略、目的语策略和母语或外语策略为中频策略,非语言策略和减缩策略为低频策略。而男生在母语环境和目的语环境下各策略的使用频数与女生略有差别,使用顺序也不同。男生在母语环境下倾向于使用非语言策略和目的语策略,在目的语环境下则是检索策略和合作策略;女生在母语环境下倾向于使用检索策略和非语言策略,在目的语环境下则是检索策略和合作策略。总的来讲,在不同环境下,男生倾向于使用检索策略、合作策略和目的语策略,女生倾向于使用检索策略和合作策略,男女生在母语环境下各策略的使用频数普遍高于目的语环境。

女生使用交际策略受环境的影响比男生更明显,女生的言语思维和语言运用能力普遍强于男生,对语言的信息加工更有效,在不同的环境下面临交流障碍,会选择最有效的策略来完成对话,比如询问对方或用其他词替换。男生则表现得比较懒散和被动,遇到不会的表达,通常会停下来思考,而不是尝试用相

103

似表达让对方明白。

（3）不同口语水平与交际策略使用的关系

根据学生对自身口语水平的自评,并结合汉语口语考试的成绩,将国内外学生分成三组:好、中等和不好,他们的数量分布和交际策略的使用情况见以下图表。

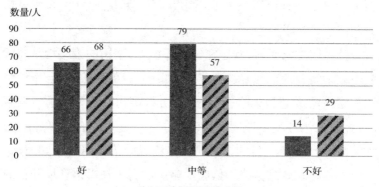

学生口语水平情况分布图

图15　国内外学生口语水平分布图

表15　不同口语水平的学生交际策略使用情况（埃及）

<table>
<tr><th colspan="2" rowspan="2">水平
策略</th><th colspan="2">好</th><th colspan="2">中等</th><th colspan="2">不好</th></tr>
<tr><th>M</th><th>SD</th><th>M</th><th>SD</th><th>M</th><th>SD</th></tr>
<tr><td colspan="2">减缩策略</td><td>2.55</td><td>1.17</td><td>2.84</td><td>1.20</td><td>2.98</td><td>1.27</td></tr>
<tr><td rowspan="6">成就策略</td><td rowspan="4">补偿策略</td><td>合作策略</td><td>3.77</td><td>1.19</td><td>3.70</td><td>1.26</td><td>3.39</td><td>1.43</td></tr>
<tr><td>母语或外语策略</td><td>3.06</td><td>1.28</td><td>3.09</td><td>1.36</td><td>3.30</td><td>1.39</td></tr>
<tr><td>目的语策略</td><td>3.97</td><td>1.09</td><td>3.87</td><td>1.11</td><td>3.49</td><td>1.29</td></tr>
<tr><td>非语言策略</td><td>3.87</td><td>1.37</td><td>3.84</td><td>1.24</td><td>4.55</td><td>0.91</td></tr>
<tr><td colspan="2">检索策略</td><td>4.06</td><td>0.92</td><td>3.69</td><td>1.25</td><td>3.54</td><td>1.24</td></tr>
</table>

表16　不同口语水平的学生交际策略使用情况（新疆）

策略 \ 水平		好		中等		不好	
		M	SD	M	SD	M	SD
减缩策略		2.13	0.86	2.30	0.86	2.59	0.93
成就策略	补偿策略 合作策略	3.07	1.09	3.21	1.06	3.23	1.24
	母语或外语策略	2.81	1.13	3.06	1.10	3.36	1.15
	目的语策略	2.98	0.98	3.09	0.91	3.12	0.93
	非语言策略	2.33	0.98	2.38	0.84	3.00	1.11
	检索策略	3.40	1.08	3.52	0.84	3.64	0.82

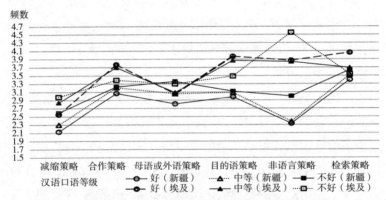

图16　国内外不同口语水平学生使用交际策略折线图

　　在各策略的使用规律上（表现在曲线的走向上），无论是埃及学生还是新疆学生，口语水平中等的学生同水平好的学生比较接近，而口语水平不好的学生同前两者形成强烈的反差，尤其是非语言策略，使用频数明显偏高。

母语环境下的埃及学生使用的策略大多是高频策略,常用策略是检索策略、目的语策略和非语言策略。采用独立样本T检验,埃及学生只在非语言策略和检索策略的使用上存在显著差异性,其中非语言策略的显著性水平为0.007(P<0.05),目的语策略的显著性水平为0.011(P<0.05),即非语言策略的差异性更明显。换言之,口语水平不好的埃及学生,非语言策略的使用频数远远高于其他学生,而口语水平好的学生,检索策略的使用频数高于其他学生。

目的语环境下的新疆学生使用的策略以中频为主,经常使用检索策略和合作策略。采用独立样本T检验,他们使用的各种策略中,存在显著性差异的策略按由大到小排序:母语或外语策略(0.001)、目的语策略(0.034)、合作策略(0.035)、非语言策略(0.035)、减缩策略(0.042),差异性最明显的是母语或外语策略。口语水平越好的学生,使用各项策略的频数越低。此外还存在两种极端,口语水平好和口语水平不好的学生,使用的高频策略都是检索策略。

口语水平好的学生,在母语环境下使用最多的是检索策略、目的语策略和非语言策略,均属于高频策略,在目的语环境下使用最多的除了检索策略和目的语策略,还有合作策略,均属于中频策略,使用最少的均为减缩策略;口语水平中等的学生,在母语环境下使用最多的是目的语策略,属于高频策略,在目的语环境下使用最多的是检索策略,属于中频策略;口语水平不好的学生在母语环境下使用最多的是非语言策略,属于高频策略,在目的语环境下使用最多的是检索策略,属于高频策略。这表明,不同口语水平的学生,在目的语环境下均将检索策略作为首选,极少考虑减缩策略,而在母语环境下,不同口语水平学生首选策略各不相同,口语水平较好的学生会率先考虑检索策略,口语水平中等的学生则选择目的语策略,口语水平不好的学生最常用的是非语言策略。

我们知道,交际策略的运用是为了弥补自身语言能力的不足。总的来说,由于汉语学习时长和学习环境的不同,新疆学生的汉语水平普遍高于埃及学生,这在我们的研究样本中也有所体现,新疆学生中口语水平好的占大多数,而埃及学生中口语水平中等的占多数。因此,新疆少数民族学生更具有语言优势,不需要借助太多的交际策略来辅助自己的汉语交流,并且他们能够较为准确地意识到自己遇到的问题,及时选择合理的交际策略。埃及学生则会更多地利用手势动作、面部表情来表达,这类方式的效果往往不如新疆学生使用的交际策略有效。

5. 小结

在可能对母语环境和目的语环境下的汉语学习者使用的交际策略产生影响的个体因素中,我们选择了性别和口语水平这两个因素进行对比。总体看来,母语环境下的埃及学生使用的交际策略以高频和中频出现,没有出现低频的策略,各策略从高到低排序:非语言策略>检索策略>目的语策略>合作策略>母语或外语策略>减缩策略。非语言策略、检索策略、目的语策略和合作策略为高频策略,母语或外语策略和减缩策略为中频策略;目的语环境下的新疆学生使用的交际策略则以中频和低频为主,没有出现高频的策略,各策略从高到低排序:检索策略>合作策略>目的语策略>母语或外语策略>非语言策略>减缩策略。检索策略、合作策略、目的语策略和母语或外语策略都以中频出现,非语言策略和减缩策略为低频策略。

① 从性别来看,男女生在母语环境下各策略的使用频数普

遍高于目的语环境。男生在母语环境下倾向于使用非语言策略和目的语策略,在目的语环境下则是检索策略和合作策略;女生在母语环境下倾向于使用检索策略和非语言策略,在目的语环境下则是检索策略和合作策略。

②从口语水平看,无论是埃及学生还是新疆学生,口语水平中等的学生同水平好的学生比较接近,而口语水平不好的学生同前两者形成强烈的反差,尤其是非语言策略,使用频数明显偏高。不同口语水平的学生使用最多的是检索策略,使用最少的是减缩策略。在目的语环境下,口语水平越高的学生,各种策略的使用频数越低,而在母语环境下,不同口语水平学生选择的交际策略各不相同,呈现多样化趋势,而有意思的是,口语水平较好的学生也会最先考虑检索策略。

不同环境下的学生使用交际策略存在以上差异的原因,首先是受语言环境影响。在母语环境下由于缺少实际的汉语语境,埃及学生对母语的依赖性较强,在汉语表达时往往容易受母语思维的影响,因此喜欢使用母语或外语策略;而新疆是个多民族聚居地,学生大多是小学阶段开始接触汉语,有一定的汉语基础,整体汉语水平比埃及学生高,在口语表达方面也更有优势,遇到表达困难时,更多地使用积极的策略。其次交际策略的使用也和学生的性格有一定关系,性格外向的学生肢体语言比较丰富,比如埃及的学生,无论男女(男生表现更明显),一方面性格比较活泼,另一方面汉语整体水平较低,因此肢体语言也十分丰富生动。学生在口语表达中借助这些非语言形式,使用非语言策略,既能让自己表达得更准确,又能填补言语表达上的不足,使交流更顺畅。

（二）不同环境下的同一类汉语学习者交际策略对比

本节指新疆少数民族学生,不同环境指的是南疆的母语环境和乌鲁木齐的目的语环境。

1. 研究问题

（1）新疆少数民族学生在不同环境下（南疆母语环境和乌鲁木齐目的语环境）的汉语口语交际策略使用具有什么特征?

（2）性别和口语水平的差异,对少数民族学生的汉语交际策略的选择有什么影响?

2. 调查对象

本节研究的调查对象是母语环境和目的语环境下的少数民族学生,以新疆大学语言学院的学生为例,我们从159名学生中,选择了来自南疆的40名学生作为调查对象,其中女生18人,男生22人。这40名学生需要回忆自己在南疆的母语环境下,使用汉语交际策略的情况,并如实填写问卷。将这40份问卷和他们之前完成的40份问卷作比较,探讨在南疆的母语环境和乌鲁木齐的目的语环境下使用交际策略的不同。

3. 调查工具

关于少数民族学生的调查,本研究使用交际策略问卷1。

4. 数据统计

此部分的问卷数据分为两类,一类是南疆母语环境下的数据,另一类是乌鲁木齐（下文简称乌市）目的语环境下的数据,我们采用克隆巴赫α系数（Cronbach's alpha Coefficient）分别对两类问卷的第二部分信度进行检验,结果见表17（N指样本容量）。

表17　交际策略量表的信度(N=40)

项目		α系数
南疆	总体	0.822
	减缩策略	0.639
	成就策略	0.795
乌鲁木齐	总体	0.862
	减缩策略	0.683
	成就策略	0.842

从克隆巴赫α系数来看,问卷总体和问卷分内容的α系数均在0.6以上,说明该问卷有良好的信度。

(1)总体情况

新疆少数民族学生在南疆和乌鲁木齐使用汉语交际策略的情况各不相同,具体情况如下图。

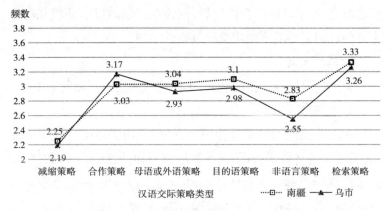

图17　少数民族学生使用交际策略的总体情况

从图中可以看出,就交际策略使用的整体趋势而言,不同环境下的新疆学生在所有策略的使用上有一个明显的规律:在南疆母语环境下比乌鲁木齐目的语环境下更频繁地使用交际策略,只有合作策略是一个例外。换言之,在六大交际策略中,母语环境下会比目的语环境下更多地使用除了合作策略以外的五项交际策略,也就是说在南疆母语环境下,学生极不乐意使用合作策略。

就某一具体策略的差异性而言,合作策略、目的语策略和非语言策略的使用存在明显差异性,其中非语言策略的差异性最大,而在检索策略、母语或外语策略以及减缩策略的使用上,差异性不太明显。

(2)性别与交际策略使用的关系

本研究中,我们按照性别分为两组,女生组18人,男生组22人。下列图表分别是男女生在不同语言环境下使用交际策略的情况。

表18　男生和女生的交际策略使用情况(南疆)

策略类型			女生		男生	
			M	SD	M	SD
减缩策略			2.09	0.92	2.39	0.87
成就策略	补偿策略	合作策略	3.18	1.12	2.90	1.11
		母语或外语策略	3.00	1.20	3.08	1.13
		目的语策略	3.11	1.05	3.10	0.82
		非语言策略	3.05	1.08	2.62	0.97
	检索策略		3.42	1.14	3.24	0.93

表19　男生和女生的交际策略使用情况(乌市)

策略类型			女生		男生	
			M	SD	M	SD
减缩策略			2.19	0.82	2.19	1.01
成就策略	补偿策略	合作策略	3.26	0.96	3.00	1.07
		母语或外语策略	2.85	0.99	3.02	1.21
		目的语策略	2.93	0.96	3.09	0.99
		非语言策略	2.50	1.04	2.59	1.09
	检索策略		3.14	0.78	3.36	1.11

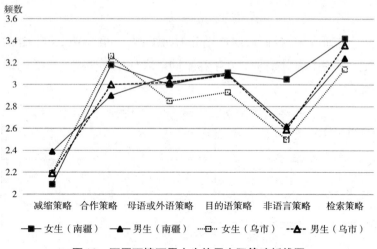

图18　不同环境下男女生使用交际策略折线图

　　由以上四类曲线数据可知,无论在何种环境下,检索策略基本都是使用频数最高的策略,减缩策略是使用频数最低的策略。在上述四类情况中,母语环境下的女生总体积极交际策略的使用频数都最高,且各项策略使用相对均衡,其他三类群体各项策略的使用频数曲线起伏较大,这说明各项策略的使用频数差别较大。由此可见,整体而言,新疆少数民族学生学习汉语比较积极,尤其是南疆母语环境下的女生。

就不同环境而言,在南疆的母语环境下,男女生使用的中频策略较多,女生倾向于使用检索策略和合作策略,而男生倾向于使用检索策略和目的语策略;在乌鲁木齐的目的语环境下,男女生使用的策略以中频为主,女生使用最多的是合作策略,男生使用最多的仍然是检索策略和目的语策略。

就不同性别而言,女生在母语环境和目的语环境下,使用的策略均以中频为主,没有高频策略,低频策略均为减缩策略,在母语环境下优先考虑检索策略,在目的语环境下则会优先选择合作策略;男生在母语环境和目的语环境下使用各策略的顺序基本相同,以中频策略为主,没有高频策略,低频策略均为减缩策略,在两种环境下都首选检索策略。简言之,女生使用的策略类型会随着环境的改变而改变,男生则基本保持不变。

采用独立样本T检验,男女生在使用各项交际策略上都不存在显著性差异,这表明他们整体汉语水平比较均衡。总体上讲,女生在母语环境下各策略的频数高于男生,在目的语环境下,除了合作策略,其他策略的使用频数均低于男生。这说明南疆环境下的女生由于学习更加努力,积极采用多种交际策略,到了目的语环境下学习就已经相对轻松,不需频繁使用交际策略了。男生使用交际策略受环境的影响并不明显,而女生使用交际策略更容易受环境的影响,在乌鲁木齐目的语环境和南疆母语环境下使用的策略各不相同。

上述研究结果与前人的研究不谋而合:前人研究表明,"女性在语言运用上是综合型的,倾向于场依存(Field-dependence),往往依赖周围的环境和他人来直接解决自己遇到的问题,男生则更具有场独立性(Field-independence),擅长分析推理"。上述研究结果也和学生的日常表现非常吻合。我们的研究表明,男女生都经常使用检索策略,其中女生侧重使用合作策略,直接询问对方或要求对方重复话语,具有较强的动机和积极的态度。这在平时的学习中也表现得很明显。因为大部分学生在一年后要去国内其他省区上大学,为了让自己以后和国内其他省区汉族同学的交流更顺利,遇到表达困难时,女生往往利用现有的汉语教学环境,主动询问老师或同学;男生则侧重使用目的语策略,使用相近的简单的表达,根据当时情况另造新词,按照自己的意愿行事,在语言交流上表现得比较懒散。

(3)不同口语水平与交际策略使用的关系

根据学生对自身口语水平的自评,并结合MHK口语考试的成绩,按照他们口语水平的不同,我们将40名学生分成三组:好、中等和不好,他们在南疆的母语环境和乌鲁木齐目的语环境下使用交际策略的情况见下列图表。

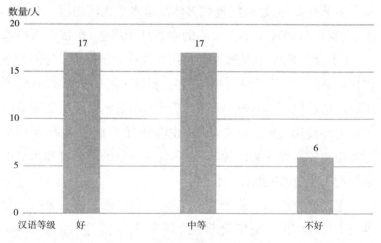

图19　学生口语水平分布图

表20　不同口语水平的学生交际策略使用情况（南疆）

策略		水平	好		中等		不好	
			M	SD	M	SD	M	SD
减缩策略			2.25	0.89	2.28	0.89	2.33	0.96
成就策略	补偿策略	合作策略	2.73	1.21	3.37	1.05	2.75	1.32
		母语或外语策略	2.95	1.02	3.18	1.25	3.06	0.99
		目的语策略	3.07	0.93	3.27	0.95	3.00	0.81
		非语言策略	3.40	1.26	2.60	0.82	2.00	0.82
	检索策略		3.05	1.16	3.53	0.96	3.13	0.83

表21　不同口语水平的学生交际策略使用情况（乌市）

策略		水平	好		中等		不好	
			M	SD	M	SD	M	SD
减缩策略			2.13	1.10	2.22	0.72	2.46	0.76
成就策略	补偿策略	合作策略	3.10	1.18	3.31	0.87	3.40	0.92
		母语或外语策略	2.70	1.15	3.00	0.87	3.58	1.10
		目的语策略	2.98	1.11	3.05	0.86	2.83	1.07
		非语言策略	2.36	1.39	2.59	0.87	2.67	0.82
	检索策略		3.14	1.40	3.35	0.62	3.50	0.55

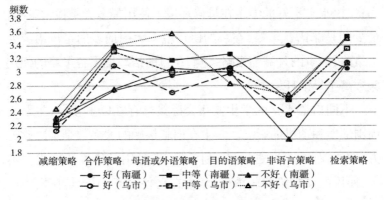

图20　不同口语水平学生使用交际策略折线图

在南疆的母语环境下,学生使用的策略大多是中频策略,经常使用的策略是检索策略、非语言策略和合作策略。采用独立样本T检验,存在显著性差异的策略是非语言策略(0.009)、母语或外语策略(0.015)和合作策略(0.022),使用非语言策略的差异性更显著。换言之,口语水平好的学生非语言策略的使用频数最高,合作策略和母语或外语策略的使用频数较低。

在乌鲁木齐的目的语环境下,学生使用的策略以中频为主,经常使用的策略是母语或外语策略、检索策略和合作策略。采用独立样本 T 检验,存在显著性差异的是母语或外语策略(0.002)和减缩策略(0.031),使用母语或外语策略的差异性更显著。口语水平越好的学生,母语或外语策略和减缩策略的使用频数越低。

口语水平好的学生,在母语环境下各策略的使用频数普遍高于目的语环境下,非语言策略使用频数最高,在目的语环境下,非语言策略使用频数则最低;口语水平中等的学生,在两种环境下使用各策略的先后顺序一致,使用最多的是检索策略,只是使用频数存在细微差别,在母语环境下各策略的使用频数略高;口语水平不好的学生在母语环境下使用最多的是检索策略,最少的是非语言策略,在目的语环境下使用最多的是母语或外语策略,最少的是减缩策略,他们在目的语环境下各策略的使用频数高于母语环境下。

不同口语水平的学生使用交际策略存在以上差异,主要受周围环境和动机的影响。学生在南疆接触的大多数是本民族的人,缺少汉语口语表达的有利条件,平时用汉语表达的机会不多,使用的交际策略较消极;学生在乌鲁木齐,不管是在校内还是校外,接触的都是不同民族的人,日常交流往往使用汉语。此外,学校课堂采用全程汉语教学,他们需要进行两年的汉语强化训练,为顺利进入国内其他省区高校打基础,因此学生危机意识增强,对自己的要求也有所提高。他们不仅要掌握学校规定的汉语课程,还要能够灵活自如地运用汉语去交流,所以使用的交际策略也更积极有效。另外,交际策略主要在交际遇到困难时使用,换言之,若已基本过了交际关,交际策略的使用频数就会大幅度降低。因此,对于那些优秀学生而言,他们已在南疆母语环境下,通过努力学习和积极使用交际策略而过了汉语交际关,在乌鲁木齐目的语环境下,无需再过多使用交际策略,交际策略也能顺利进行;对于那些在南疆母语环境下未能通过汉语交际关的较差学生而言,乌鲁木齐目的语环境给他们创造了良好的汉语学习环境,再加上预科结业的压力,他们不得不积极努力,因而他们在目的语环境下各策略的使用频数高于母语环境下也就顺理成章。

5. 小结

在新疆的母语环境和目的语环境下,我们选择了性别和口语水平这两个可能影响少数民族学生交际策略的个体因素进行分析。总体看来,新疆少数民族学生在母语环境和目的语环境下,使用的交际策略以中频为主,没有高频策略的出现,使用最多的是检索策略,使用最少的是减缩策略。在南疆的母语环境下,学生各策略的使用频数普遍偏高,只有合作策略是个例外。使用最多的除检索策略外,还有目的语策略、母语或外语策略和合作策略;在乌鲁木齐目的语环境下,除检索策略外,合作策略的使用也较为频繁。

① 从性别来看,在母语环境下,女生倾向于使用检索策略和合作策略,男生倾向于使用检索策略和目的语策略;在目的语环境下,女生倾向于使用合作策略,男生倾向于使用检索策略。

总体来看,男生受环境的影响不如女生明显。

②从口语水平看,口语水平好的学生,在母语环境下各策略的使用频数普遍高于目的语环境下;口语水平中等的学生,在两种环境下使用各策略的先后顺序一致;口语水平不好的学生在目的语环境下各策略的使用频数高于母语环境下。

新疆少数民族学生在不同环境下的交际策略存在以上差异,和他们的生活圈子有关,汉语基础好的学生在平时的交际中没有太大困难,对交际策略的依赖性减弱,而汉语基础相对较差的学生,还没有完全适应汉族人讲话的语速,不能完全听懂对方的意思,因此使用的交际策略呈现多样化,此外危机意识的增强也会对学生选择交际策略产生积极影响。

(三)母语环境和目的语环境下的汉语交际策略对比结论

母语环境和目的语环境下的学生,在交际策略的使用上有一定的差异,具体情况如下:

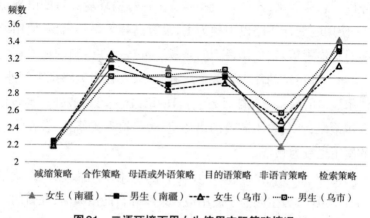

图21 二语环境下男女生使用交际策略情况

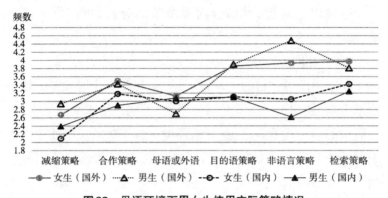

图22　母语环境下男女生使用交际策略情况

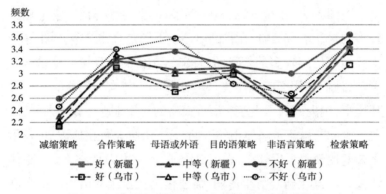

图23　二语环境下不同口语水平学生交际策略情况

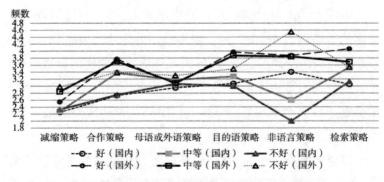

图24　母语环境下不同口语水平学生交际策略情况

通过以上对比,并结合前面章节的分析,可以得出以下结论。

第一,相同点:

在母语环境和目的语环境下,男生和女生使用最多的均是检索策略,使用最少的均是减缩策略;不同口语水平的学生,使用最多的均是检索策略,在母语环境下各策略的使用频数均高于目的语环境下,口语水平越好的学生,减缩策略的使用频数越低。

第二,不同点:

由图21和图22可见,从性别来看,女生在母语环境下使用较多的是非语言策略,在目的语环境下则是合作策略;男生在母语环境下使用较多的是目的语策略,在目的语环境下则是合作策略,他们使用交际策略受环境的影响不如女生明显。在母语环境下,国内外的男生在非语言策略的使用上存在较大差异,埃及男生的非语言策略使用频数偏高,一方面是性格原因,埃及男生普遍比新疆男生外向,表现力较强,另一方面是埃及男生整体的汉语基础比新疆男生薄弱,需要借助大量手势语来协助自己的汉语表达。

由图23和图24可见,从口语水平来看,学生在母语环境下使用的策略以高频策略为主,使用最多的是检索策略和目的语策略。口语水平越好的学生,母语或外语策略的使用频数越低。在目的语环境下以中频策略为主,使用最多的是检索策略和合作策略。口语水平越好的学生,合作策略、母语或外语策略、目的语策略和非语言策略的使用频数越低。

口语水平好的学生,在母语环境下使用较多的是非语言策略,在目的语环境下则是目的语策略和合作策略,在母语环境下各策略的使用频数普遍高于目的语环境下；口语水平中等的学生，在母语环境下使用较多的是目的语策略，在目的语环境下则是合作策略；口语水平不好的学生，在两种环境下使用较多的均是母语或外语策略，目的语环境下各策略的使用频数高于母语环境下。

五、结语

（一）研究结果

研究发现，不同环境下的汉语学习者在交际策略的使用上确实存在较大差异，性别、地域和口语水平等个体因素与交际策略的使用有密切关系，具体分析如下：

减缩策略，包括形式减缩和功能减缩，形式减缩中有个别词代替整个句子和直接放弃谈话，功能减缩有转换话题和答非所问。埃及学生减缩策略的使用比新疆学生更频繁，新疆的学生在母语环境下该策略的使用频数又高于目的语环境下，总体而言，汉语水平低的学生较多地使用该策略。

合作策略，包含询问对方或要求对方重复的直接合作和借助字典查询的间接合作。无论是母语环境还是目的语环境。在实际情况中学生具体使用直接合作还是间接合作，也会因人而异，因为每个学生运用语言表达的能力不同，一般来说，女生倾向于直接合作，男生倾向于间接合作。

母语或外语策略，有直译、说自己的母语、说对方母语和语码转换。我们发现，学生在母语环境下该策略的使用频数要明显高于目的语环境下，在母语环境下学生会有依赖心理，先用母语思维,再用汉语表达出来,这是大部分学生的习惯性做法。由于语系的不同和语言文化的差异,这种生硬的表达对于学生口语水平的提高并无太大帮助。

目的语策略,主要有近义词替换、书写、释义和生造词,这是一种积极的策略,对于学生口语水平的提高产生积极影响。在做问卷调查期间,学生们没有要求用母语版的问卷,都使用的汉语版交际策略调查问卷,这说明他们对自身的汉语水平足够自信。在目的语环境下学生目的语策略的使用频数略低于母语环境下,这可能是在目的语环境下,他们有其他更有效的策略可以解决交流中的难题。

非语言策略,即体态语,就是用手势动作、面部表情等非言语行为来表达。在母语环境下的埃及学生和新疆学生都频繁使用这种策略,而在目的语环境下该策略的使用频数远远低于母语环境下,汉语口语水平较低的学生更喜欢使用非语言策略。

检索策略,包括停顿、套语或猜测,也就是停下来思考,使用流行的公式化语言或利用语义场猜测。在汉语交流中,由于对汉语词汇的掌握不够,无法迅速找到最恰当的表达,说话时总是出现停顿,再加上平时有针对性的口语练习较少,很难说一口流利的汉语。在所有交际策略中,学生这一策略的使用频数最高。

本研究中大部分学生在母语环境和目的语环境下都喜欢使用检索策略,比如"嗯、啊、呃、怎么说呢"等,这是用于缓和语气,帮助拖延时间思考和表达很复杂语义时的一种表达形式,这类词语的使用得当会收到真实有趣的效果,但如果学生无法把握正确的使用场合,无论回答什么问题都用,例如"旁边有人在,呃,讨价还价,呃,我们从巴扎里面买了很多日用品",反而会让谈话显得生硬呆板。此外,我们还发现,学生在口语表达时,所使用的词语没有错误,语法也没有任何问题,但总觉得他说的句子不够好,缺乏地道得体的表达,比如一位学生谈自己买鞋经历时,"它的一双是有点小,一双是有点大",句子本身没有任何问题,但他其实是想表达"一只鞋大,一只鞋小"。针对这类情况,在交际策略培训中,教师需要让学生养成正确、规范、地道的表达习惯,有目的、有重点、有计划地向学生传授有关言语交际的基本知识,努力创设目的语环境,让学生产生真实感,贴近实际生活,从而有效地组织学生在这个情境中进行会话练习。从学生的个性出发,让学生多进行口语表达,多尝试用汉语思维,培养汉语的语感,选择使用合适的交际策略,形成流利地道的汉语表达。

(二)研究的局限和展望

由于笔者有限的水平,本研究还存在一些不足之处,比如时间和条件有限,致使调查样本的广度不够。研究交际策略本身对教学实践的意义并不明显,毕竟只有初学汉语者才经常使用交际策略,我们的目的是要让学生在学习汉语过程中,从感性认识上升到理性高度。本次对不同环境下的汉语学习者交际策略对比是一种尝试,希望本研究对汉语口语交际策略的实证研究有一定的参考价值,汉语交际策略的研究起步较晚,相关研究还有诸多空白,需要我们共同努力!

注 释

[1] 张黎.言语策略与语言教学——中高级汉语教学向语用扩展[J].语言文字应用,2002(02):17.

[2] 海珂.留学生汉语口语交际策略研究[D].上海:华东师范大学,2006:19-20.

［3］刘珣.对外汉语教育学引论［M］.北京:北京语言大学出版社,2000:212.

［4］戴炜栋,束定芳.外语交际中的交际策略研究及其理论意义［J］.上海外国语大学学报,1994(06):27.

［5］张荔,王同顺.交际策略问卷信度和效度的研究［J］.外语研究,2005(01):47.

［6］周震,丁文英.元认知理论结构下的交际策略［J］.山东外语教学,2005(01):28.

［7］刘乃美.交际策略研究三十年:回顾与展望［J］.中国外语,2007(09):81.

［8］陈希熹.留学生交际策略使用和内外向性格的关系研究［J］.南京师范大学,2009:36-37.

［9］杨翼.高级汉语学习者的学习策略与学习效果的关系［J］.世界汉语教学,1998(01):45.

［10］高海虹.交际策略能力研究报告——观念与运用［J］.外语教学与研究,2000(01):53.

第五章　汉语学习者交际策略的
　　　　影响因素研究

　　本章致力于对交际策略的影响因素进行较为系统的研究。本研究选取国外最新的交际策略分类框架(Fraech & Kasper)，采用问卷调查法，对新疆地区157名留学生进行了汉语交际策略调查，并运用社会科学系统软件SPSS(19.0)分析比较各影响因素对交际策略类型及强度的影响。鉴于当前交际策略的影响因素的实证研究在年龄、性别、性格、国籍、母语、学习条件和教师因素等方面已有相当多的涉及，笔者仅选择前人涉及较少的汉语水平、学习动机和会话对象等方面进行重点考察，探讨其对交际策略的实际影响。

　　研究发现，汉语水平直接影响交际策略的选择。初级、中级、高级三种不同汉语程度的学生在交际策略的运用上有显著差别，且随着语言程度的逐渐提高，交际策略的使用大致呈现出"减少"的趋势。换言之，初级水平学习者使用交际策略明显高于中级水平和高级水平的学习者，在策略类型上，初级水平的学生倾向于选用更多种类的交际策略。

研究表明,动机对交际策略的影响程度各有不同。融入型动机对交际策略的影响非常强烈,工具型动机对交际策略的影响也较为强烈。同时也发现,学生的各种动机越强,交际策略使用越多,尤其是目的语策略使用频率最高。在影响交际策略的动机行为各维度中,持续性、主动性、用功程度对交际策略的影响均较大,注意力的影响则相对小一些。

研究发现,会话对象同样影响汉语学习者交际策略的使用。师生会话中,目的语策略是使用的高频策略,教师对学生的讲解释义策略使用较多;学生会话中,母语或外语策略的使用频率最高,学生会话较为随意一些,多喜欢运用自己的母语或者外语与同学进行沟通交流。

本章结合分析结果,对汉语学习者和对外汉语教学提出了相应的对策和建议,希望对提高对外汉语教学质量具有一定参考价值。

一、绪论

(一)研究背景

全球"汉语热"的持续升温,给国内外汉语教学事业带来了空前的机遇和严峻的挑战。孔子学院、汉语学院、国学班等如雨后春笋般在世界各地生根发芽,对外汉语教学事业正以崭新的姿态,走向世界,面向未来。在新世纪错综复杂的背景下,交际能力逐步成为当代对外汉语教学的主导目标,汉语交际策略也成为学习者们竞相追捧的热点。

笔者在国际交流学院跟汉语学习者交谈时发现,许多笔试成绩优秀的学生汉语口语水平却较差,他们很大一部分人都是抱着课本盲目学习,死记硬背,生搬硬套,以致于出现了交流障碍,甚至出现了"哑巴汉语"。

此外,笔者在新疆大学国际交流学院旁听对外汉语课时发现,学生们的学习状况并不理想。首先,刚入学时,他们热情高涨,积极向上,汉语交际水平也比较高,但是,不久后就止步不前,进入僵化模式。其次,学生在留学中国之前,对与中国人的交流充满信心,但后来自信心慢慢消失了,变得被动懈怠,甚至更愿意说自己的母语而不愿意讲中文。这些情况出现的原因纷繁复杂,可能性众多。

所以,笔者就想更进一步了解汉语学习者在交际过程中遇到的各种交际问题,想知道他们的汉语学习动机如何,汉语水平如何,使用交际策略的具体情况如何,会话对象会不会影响交际策略,怎样有效地提高汉语交际水平等等,笔者对影响交际策略的多种因素具有浓厚的研究兴趣。

为了全面地了解影响交际策略的因素,有效地提高汉语交际水平,本文拟研究问题如下:

1.影响汉语学习者交际策略选择的因素有哪些?

2.汉语水平、动机、会话对象等因素的差异会对交际策略的使用产生什么影响?

(二)研究目的和意义

1.研究目的

本研究旨在通过对新疆大学汉语学习者(以汉语国际教育专业学生为主,兼有本科生、硕士生、博士生)进行调查,从个人背景差异的方面了解他们使用的汉语交际策略,分析影响交际策略的因素,从而提高汉语学习者的汉语交际水平。

2. 研究意义

本次调查对影响汉语学习者交际策略的使用因素进行较系统的研究,有望扩大交际策略的研究领域,在一定程度上可以加深汉语学习者交际策略的研究。此外,希望本研究的启示及就汉语交际策略提出的教学建议能为教学实践提供某些参考。

(三)研究方法

本研究的具体目标是通过文献分析法、问卷调查法、访谈法和数据分析法来研究影响汉语学习者使用交际策略的因素。

本文的研究路线是通过交际策略问卷来调查汉语学习者交际策略的总体使用情况,并对多个学习者进行访谈,丰富交际策略的研究。此外,笔者还对师生之间和学生小组之间的汉语会话进行录音,从整理出的实时语料中总结出交际策略的具体运用情况。笔者希望通过上述方法,完成从总体到个体的研究过程。研究方法如下:

1. 文献法

本研究借助众多数据资源库中的CNKI、万方、维普等查阅期刊、论文、会议、报纸、专著等资料,对国外、国内汉语学习者的汉语交际策略使用方面的专业文章进行查找和研究,为本文提供理论基础和参考。

2. 问卷调查法

本文通过对新疆大学留学生进行问卷调查探索交际策略的使用情况,了解留学生的个人情况,以便及时找出影响交际策略的因素,并找出汉语教学专业课程设置上的问题,并探讨相应的对策。

3. 访谈法

总体来说,问卷调查法能够为了解汉语学习者使用交际策略的具体使用情况展现一个总体的视角,然而对于更进一步了解汉语交际策略在运用中的各种具体策略类型,以及使用这种策略的深层次原因是不够的。所以,研究还需要借助访谈的形式。访谈的优点是不仅可以对各项目之间的相互关系有一个全面清晰的了解,而且还能牢牢把握住其刹那间表现出的各种特点并进行全面的探求。

为了更深入细致地观察和分析交际策略的使用情况,本研究将对多名汉语学习者的谈话进行录音,并认真记录学生们的手势动作等体态语,在进行笔录和后期输入电脑的阶段中,不做任何增删和改动,以便如实再现学习者的语言使用状况。

4. 数据分析法

本研究将对回收的有效问卷和个案访谈资料使用社会统计学软件SPSS(19.0)进行数据处理和分析。将问卷中的多种交际策略进行科学分类,分类调查每一类策略在汉语学习者中的使用情况。关于访谈与会话部分,笔者将选取典型的个案作为例子,并综合整理得出相关结论。

(四)研究创新之处

通过查阅大量资料发现,目前汉语作为第二语言的交际策略的研究较少,国内尚未见到对影响汉语学习者的交际策略的因素进行过系统的研究,国内的研究少而零散,而且多以描述性为主,总结归纳较少,还未见实证分析。本研究针对留学生进行汉语交际策略实证研究,而且具有一定系统性,因此个人认为具有一定的创新性。

(五)研究框架

本章主要包括五个部分。

第一部分绪论部分。介绍本文的研究背景、研究目的和意义、研究方法、研究创新之处和研究框架。

第二部分本文使用的理论及国内外交际策略研究综述部分。概述国内外交际策略的定义、分类、国内外交际策略研究,影响交际策略的因素研究:包括探讨汉语学习者个体因素(年龄、性别、学习能力、动机、性格、汉语水平、焦虑)和环境因素(母语背景、教师因素、会话对象、任务类型)对交际策略的影响。

第三部分汉语学习者交际策略影响因素的研究设计部分。包括研究对象、研究工具、问卷结构、数据的收集与处理和访谈设计。通过问卷和访谈的形式对新疆大学留学生进行调查,探讨汉语学习者个体因素和环境因素对交际策略的选择所存在的问题与差异。

第四部分汉语学习者交际策略影响因素的研究结果与分析部分。基于上面第三章调查的结果,查出被试基本情况、分析汉语水平对交际策略的影响、动机对交际策略的影响、会话对象对交际策略的影响以及访谈数据分析结果。

最后一部分结语部分。包括本研究的发现、启示和建议、研究的不足和今后研究的改进。

二、前人关于交际策略影响因素的研究成果

不言而喻,影响交际策略的因素很多。研究者发现,学习者对交际策略的运用有很大差异,那么这些差异究竟是由哪些因

素引起的呢? 笔者将这些因素归纳为以下几种:

1. 学习者个体因素对交际策略的影响

①年龄对交际策略的影响。

研究表明,年龄对第二语言交际策略的形成和使用有非常明显的影响。学习者的交际能力随年龄的增长而不断提升,交际方式也随年龄的增长而发生改变,在学前期和小学低年级阶段,儿童尚未形成交际策略,因此不能有意识地使用交际策略。可是,到了初高中阶段,学习者的认知能力快速提高,认知方式也得到丰富和拓展,他们不仅能自发形成策略还能有意识地培养策略,并在学习中根据学习任务的要求和目标调整交际策略。儿童运用的交际策略一般比较简单,而成年人运用的交际策略则相对比较复杂。

②性别对交际策略的影响。

不管是在理论研究中,还是在实际操作中,笔者都很容易发现男女性别差异对交际策略的影响。普遍观点认为,男生在语言方面的表现能力远远不如女生。研究证据表明,女生在言语能力、言语思维和亲和力上要远超过男生。女生自身特有的温和细心、沉静内敛,促使她们更加倾向于自律、内省,虽然她们的信息处理速度比男生要缓慢一些,信息加工质量却比男生清晰、准确、丰富、全面。反之,男生在交际过程中的信息处理速度虽然比女生迅速,质量却比女生差,整体效果也不尽如人意。女生相比男生要谨慎一些,会注重语言的准确性,回答问题前会多方考虑,仔细思索,男生则容易冲动一些,回答迅速,下结论较快,不介意语言的准确性。同时,男生往往容易把交际问题归因于外部因素,强调外部环境因素的干涉,忽视自身内部因素的影响。

③学习能力对交际策略的影响。

学习能力对交际策略的影响同样比较重要。研究发现,学习能力较高的学生更能清楚地知道自己应该使用什么样的交际策略,学习能力较低的学生对自己使用的交际策略则没那么清楚。虽然交际者不会根据自己的学习能力选择交际策略,但学习能力还是会影响交际策略的形成和使用,因为有些交际策略对学习能力的要求比较高。研究也表明,学习能力较高的学生往往能够通过对教师日常生活内容的讲解与自己交际经验的总结形成一套适合自身的行之有效的交际策略,学习能力较差的学生则需要通过专门的指导才能机械地学会运用一些交际策略。

④动机对交际策略的影响。

二语学习动机的来源有很多种。第一:"自我决定理论"认为,人类动机主要有"内在动机"和"外在动机"两种。内在动机是出于兴趣、需要、情感、满足感等内在心理因素的需要而产生的动机。外在动机则是为了获得奖赏、表扬、赞美或躲避惩罚、避免承担责任等外部因素决定的动机。第二:动机研究专家Gardner 和 Lambert 将动机划分为"融入型动机"与"工具型动机"两类。融入型动机是学习者学习第二语言,并努力地融入其中。工具型动机是学习者将语言看成是工具,期待能给自己带来益处,如考取证书、找到好工作等。

从认知语言学角度来说,动机往往被看作是学习者有目的的学习行为所不可或缺的重要组成部分。实验研究显示,动机对交际策略的影响可以分为两个方面:一是动机的强度对交际策略的使用数量会有影响。动机强度高的学生,使用的交际策略数量和种类也多,反之,动机强度低的学生,使用的交际策略数量和种类也少一些。二是动机的具体类型不同，学习者对交际策略的选择和使用也各不相同。

⑤性格/个性对交际策略的影响。

研究表明，性格会影响交际策略的选择。Tarone(1977)的实验显示，不同的人在描述同一个故事时，其话语千差万别、差异明显。比如，有的学生不管用母语还是其他语言讲故事都极快，忽视了很多精彩的细节；有的学生则会主动加以说明或提出疑问寻求帮助。Tarone认为交际策略的使用差异与性格有关系。

此外，早期的研究认为，外向型性格相比内向型性格更加符合语言学习的需要，但后期的研究显示观点不一定正确。刘鹏，朱月珍(2001)探讨了70名非英语专业博士生的性格与交际策略的联系，结果显示：性格确实影响交际策略的选择，外向性格的学生会比内向性格的学生运用更多的交际策略，然而整体交际效果却不比内向性格的学生好。性格外向的学习者敢于开口与他人交流，善于创造和把握机会，会获得良好的语言交际效果；但性格内向者在语言交际中花的时间更多，他们可能更善于利用其沉稳的性格对有限的交际进行更深入细致的分析，因而在语言整体交际效果方面有优势。

⑥汉语水平/语言程度对交际策略的影响。

汉语水平影响策略使用。交际策略的使用是因为交际中遇到了困难，语言水平越高，困难自然越少，因此交际策略在某种程度上可以反映学习者的水平。研究表明，有一些策略对语言水平要求较高，而有些要求较低。如：Varadi(1983)认为，学习者经常找不到合适的手段表达自己的意义，只好采用减缩策略；Ellis(1983)发现被试者在学习外语初期较多地使用减缩策略，后来随着外语程度的不断提高,成就类交际策略的使用会愈加频繁;Bialystok 发现语言水平高的学习者更倾向于选择目的语策略,而语言程度较低的学习者更多选择母语策略或减缩策略。因此,在讨论语言水平和交际策略的关系时,孰因孰果,通常不容易分辨。

⑦焦虑对交际策略的影响。

焦虑是人类一种基本的情感,是遇到压力时最常见的表现之一。在第二语言习得中,焦虑是谈论最多的个体因素之一。但对于焦虑的性质,看法并不一致。焦虑无所谓好坏,适当的焦虑对人有激励作用,但如果超过了限度,则会产生负面影响,造成成绩滑坡。本文中的焦虑是指语言焦虑,是可能影响汉语学习者参与交际任务的不安情绪。低级汉语水平的学生如果对自己的预期较高,但有限的交际知识不能满足其流利表达想法的要求,这种冲突会导致学生产生语言焦虑。师生之间新的关系促使彼此之间在短时间内难以形成默契,因此教师的行为可能引起学习者的焦虑。语言焦虑与语言学习紧紧相关。一般来说,汉语焦虑与学生的口语交际水平呈负相关,学生的语言焦虑感越强,他们的口语交际水平则可能愈低。

⑧其他因素对交际策略的影响。

除此以外,交际策略的选择还与多种因素相关。例如国籍,笔者在汉语课上看到日本学生不爱开口,不爱讲话,也不愿意尝试,但是,美国同学又说得太多,他们用各种各样方法表述自己的看法。在汉语教学中,教师们经常观察到,欧美学生特别活跃、积极,亚洲学生则比较沉默、内敛。无独有偶,在第二语言教学文献中,亚洲学生也常常被看成内向、被动的学习者,他们不太愿意参加课堂活动,表现得过分依赖老师。一般的看法是,亚洲学生的这些特点,源于文化因素,比如对教师的尊重、对集体主义的重视等。亚洲学生内敛的特点,和特定的情景有关,亚洲学生多数习惯以教师为中心的课堂,习惯于做听众。此外,态度、自信心等都是影响交际策略的因素之一。

2. 环境因素对交际策略的影响

其实,影响交际策略的因素是多方面的、多层次的、多维度的,影响深远。环境因素也是影响交际策略的重要因素。

①母语背景对交际策略的影响。

母语背景不同,语言学习者使用的交际策略也有所不同,这在对外汉语教学中有比较明显的表现。学生对特定语言词汇的态度和"文化定型(stereotype,对文化的固定看法)",甚至是地理政治等因素,都会影响学生的语言学习和交流。不同母语背景学习者会受到自身母语和外语的负迁移作用的影响。例如日本学生在回复"国花是樱花吗?(国花桜かな)"时,通常会说"樱花是(桜の花は)",这明显是被日语判断动词"是(は)"放在句子末尾的判断句规则所限制。

②教师因素对交际策略的影响。

教师因素包括教学态度、教学水平以及教学策略。古语云:"名师出高徒""青出于蓝而胜于蓝"。由此可见,教师对学生的影响是很大的。教师的态度端正,教学水平高,对学生能产生积极的影响。如果课堂气氛比较宽松、自由、活跃,学生就愿意多尝试、多交流、多沟通,否则,学生可能消极被动,不大乐意参与交际活动。教师的教学策略也会影响学生使用交际策略。教师的影响可能是积极向上的,起激励促进作用的,也可能是被动消极的,起阻碍作用的。如果教师强调交际的重要性,学生则有可能在课下主动找机会跟母语者进行交际练习。

③学习条件对交际策略的影响。

一般说来,学习条件包括社会环境、学校环境和个人学习的环境。同一个个体,如果面临不同的学习环境,可能会使用不同的交际策略。良好的学习条件会激励学习者使用更多的交际策略。另外,学生在目的语环境下和在非目的语环境下学习,交际策略也会有所不同。如留学生来到中国,就应该充分利用中国的目的语环境,除了在教室进行课堂学习外,还应该多加强与普通中国人的交往,适当运用交际策略从而提高交际能力。如果学习者是在自己的母语环境下学习汉语,没有真实的汉语交际策略,对发展交际能力是非常不利的。所以,学生就应该尽可能主动为自己创造良好的交际环境,充分利用课余时间收听汉语广播、阅读汉语读物、浏览汉语网页、去当地华人聚居区找人用汉语聊天等。

④会话对象对交际策略的影响。

会话对象不同,交际策略的选择也各不相同。师生会话中的交流以学生向老师请教询问居多,老师则需要不断地向学生讲解知识,所以合作策略和解释性策略运用较多。至于学生小组会话,学生都是汉语学习者,谈话时自由随意,会大量使用母语策略或外语策略。当汉语交际会话变成一人对多个听话对象,也就是说,学生做自我介绍或独白的时候,学生常常会使用"啊,怎么说呢""嗯嗯""呃,哦"等停顿检索策略非常频繁,因为在主题介绍中,使用套语或停顿可以有效地缓和语句节奏,赢得思考时间,保持会话的连续性,保留自己说话的权利,以便顺利完成交际任务。

⑤任务类型对交际策略的影响。

汉语学习者往往有不同的任务类型。在校学生的任务多为按照教学大纲、学校、教师的要求完成课程所需要的学习内容；而非学历教育的学习者则可能是为了在生活中使用一门语言而学习。另外，建立长期任务的汉语学习者与建立短期任务的学习者也会选择运用不同的交际策略等。任务类型不同，学习者使用的交际策略也不同。在分析交际策略的过程中，笔者会采用不同的方式和方法，让学生尽可能完成各种不同的汉语交际任务，比如，自我介绍、描述图画、讲小故事、口头翻译、话题讨论、背诵课文、内容复述、完成句子、话剧表演、进行对话或现场采访等。不难想象，由于交际任务的难度和性质的不同，学习者为了完成各种交际任务，可能会采用不同的交际策略。

总之，从整体来看，影响交际策略的因素可以归为两大类：学习者个体因素和环境因素。个体因素包括年龄、性别、学习能力、动机/目的、性格/个性、汉语水平/语言程度、焦虑、国籍、态度等；环境因素包括学习者的母语背景、教师因素、学习条件、会话对象、任务类型等。当然，影响交际策略的因素并不是单一的、孤立的，而是多种因素相互影响、共同作用的。

三、汉语学习者交际策略影响因素的研究设计

考虑到当前影响交际策略的因素的实证研究在年龄、性别、性格、国籍、母语、学习条件和教师因素等方面涉及较多，加之本论文篇幅限制，难以一一全部展开实证分析，笔者仅选择前人相关研究中较少涉及的汉语水平、学习动机和会话对象等方面进行重点考察，探讨其对交际策略的影响。本研究的研究结果将有利于深入探讨汉语学习者交际策略影响因素的具体表现，可以更好地了解汉语学习者的学习过程，掌握学生交际策略使用

现状,从而有效地提高他们的汉语水平。

(一)研究对象

研究对象是在中国学习汉语的留学生,他们中的大多数在来新疆学习之前都有一定的汉语基础。由于基础参差不齐,所选留学生的层次也就不同。本次调查的留学生层次就有本科生、硕士研究生以及博士研究生不等。

本次调查选择在新疆大学国际交流学院和新疆大学人文学院这两个学院。新疆大学的留学生来自全世界各地,他们入学时的汉语水平、动机等个体因素有区别,因此他们的学习目标、动机等有所不同。在调查过程中为防止学生出现阅读理解障碍,问卷中的生难词全部翻译成了俄语。

笔者共分两次发放问卷:第一次于2015年5月采用问卷调查了新疆大学国际交流学院的留学生,发放问卷69份,收回58份,实际有效问卷51份;第二次于2015年6月对新疆大学国际交流学院的留学生发放问卷65份,对新疆大学人文学院的留学生发放问卷23份,两个学院共计发放问卷88份,收回76份,实际有效问卷69份。所以,本次共计发放问卷157份,回收134份,其中有效问卷120份。

表1　问卷回收情况

	数量Number	百分比Percent
总发放问卷	157份	总发放100%
回收问卷	134份	回收率85.35%
有效问卷	120份	有效率89.55%

(二)研究工具

本文的研究工具是汉语交际策略调查问卷。问卷调查法在语言研究领域占有很大比重。本研究所使用的汉语学习者交际策略问卷在国内、外交际策略量表和问卷的基础上,结合留学生具体情况进行了改编,正式调查前还做了小范围试调查。为保证问卷结果的科学性,笔者请任课教师帮忙在课堂上发放,并当场对学生困惑处加以解释。

(三)问卷结构

本次调查问卷共分为三个部分:第一部分是个人基本信息,包括被试的姓名、性别、年龄、国籍、母语、班级、课外学习汉语的时间和HSK的等级情况等;第二部分是学生运用交际策略情况的调查,根据要探析的具体交际策略类型来设计问卷题目;第三部分也是问卷主体,这部分是关于学生学习汉语的动机与交际策略的运用情况,包括动机和动机行为情况两个部分。

本问卷基本上采用了心理学家Rensis Likert的李克特5点量表法作为测试,每道题有五个选项即数字1、2、3、4、5,并要求圈出对应的数字,表示对该问题的认可程度。李克特5点式问卷对答案所给的分数不同,给分方法如下:

表2　李克特5点量表

分值	使用情况一（见问卷1~23题；34~49题）	使用情况二（见问卷24~33题）
1	我从不这样做/never or almost never true of me	我坚决不同意这个陈述/I strongly disagree with this statement
2	我很少这样做/usually not true of me	我不同意这个陈述/I disagree with this statement

续表

分值	使用情况一(见问卷1~23题;34~49题)	使用情况二(见问卷24~33题)
3	我有时这样做/somewhat true of me	我不确定/I'm not sure
4	我经常这样做/usually true of me	我同意这个陈述/I agree with this statement
5	我总是这样做/always or almost true of me	我坚决同意这个陈述/I strongly agree with this statement

笔者根据学生的答案换算成相应的分数,每个问题得分的均值所表示的意义如下:

表3 受试者对各个项目的认可程度

分值区间	受试者对各个项目的认可度
1.00~1.49	对该项目的认可程度最低
1.50~2.49	对该项目的认可程度低
2.50~3.49	对该项目的认可程度一般
3.50~4.49	对该项目的认可程度强
4.50~5.00	对该项目的认可程度最强

本问卷大都是正向题,但是为了避免给受试者造成错觉,个别问题也采用了反向问法。在数据处理前,笔者对这些数值进行了重新编码。

本文在设计好问卷初稿的内容后,先在新疆大学留学生中进行实地考察和初步的试调查,随后根据现场学生的反馈意见对问卷反复进行调整与增删,从而形成有效的符合实际情况的正式问卷。

(四)数据的收集与处理

笔者于2015年5月用发放问卷的方式调查了新疆大学的留学生。笔者现场请留学生的班主任、老师、同学等把问卷的内容和填写方法等逐一向学生说明清楚,并强调所有问卷仅用于科学研究,消除留学生的答卷顾虑。

本研究的数据是用社会统计学软件SPSS(19.0)分析处理的,分为以下几个部分:

1.采用独立样本T检验的方法,对整个问卷进行项目分析;

2.采用信度分析方法检验问卷的有效性;

3.采用描述性统计方法,分析汉语学习者动机类型上的倾向特点;

4.用Pearson相关分析法检验不同背景因素组的学生在交际策略使用上的差异。

(五)访谈设计

本访谈的目的是为了进一步研究汉语学习者交际策略的影响因素,旨在深入了解学习者的汉语交际意愿,并对他们的汉语交流想法与意见进行了解和分析,从而进一步分析各种因素对汉语交际策略的影响作用。通过访谈,在了解学生学习汉语的同时,积极启发和培养学生汉语交际策略,帮助学生更加有效地学习汉语。针对本文的研究目的,笔者设计了几个合理的问题〔见附录2(四)〕,并对新疆大学的留学生进行访谈。

四、汉语学习者交际策略影响因素的研究结果与分析

通过多次调查和反复分析,"汉语学习者交际策略影响因素"的调查结果如下:

(一)汉语学习者基本情况分析

汉语学习者基本信息这部分题目比较简单,包括汉语学习者的姓名、性别、年龄、国籍、母语、学习汉语的时间和参加 HSK 的情况等个人差异问题,以达到对学习者个人情况的大致了解。为了更好地了解汉语学习者的个人情况,笔者把汉语学习者的基本信息总结归纳如下:

表4 汉语学习者性别分布表

性别 Gender	人数 Number	百分比 Percent
男 Male	54	45%
女 Female	66	55%
总计 Total	120	100%

图1 汉语学习者性别分布情况

表5 汉语学习者年龄分布表

年龄段 Age	人数 Number	百分比 Percent
15～20岁	18	15%
21～25岁	67	55.83%
26～30岁	29	24.17%
30岁以上	6	5%
总计 Total	120	100%

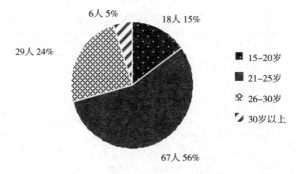

图2 汉语学习者年龄分布情况

表6 汉语学习者课外汉语学习时间分布表

每周课外汉语学习时间	人数 Number	百分比 Percent
0～2小时/周	10	8.33%
2～4小时/周	12	10%
4～6小时/周	44	36.67%
6～8小时/周	22	18.33%
8小时以上/周	32	26.67%
总计 Total	120	100%

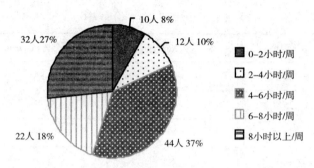

图3　汉语学习者每周课外汉语学习时间分布情况

表7　汉语学习者国别分布表

序号	国别Country	人数Number	百分比Percent
1	俄罗斯Russian	18	15%
2	哈萨克斯坦Kazakhstan	21	17.5%
3	吉尔吉斯斯坦Kyrgyzstan	34	28.33%
4	塔吉克斯坦Tajikistan	13	10.83%
5	土库曼斯坦Turkmenistan	9	7.5%
6	乌兹别克斯坦Uzbekistan	7	5.83%
7	阿塞拜疆Azerbaijan	4	3.33%
8	乌克兰Ukraine	3	2.5%
9	阿富汗Afghanistan	3	2.5%
10	蒙古Mongolia	2	1.67%
11	韩国Korea	2	1.67%
12	波兰Poland	1	0.83%
13	法国France	1	0.83%
14	美国America	1	0.83%
15	新西兰New Zealand	1	0.83%
	总计Total	120	100%

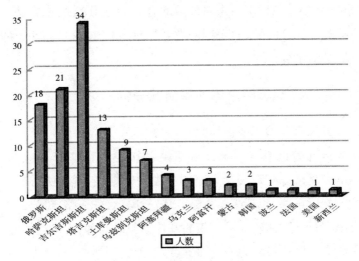

图4　汉语学习者国别情况分布条形图

　　从问卷中得知,新疆大学国际交流学院和新疆大学人文学院的120名留学生受试者中女生多于男生,女生组66人,占55%;男生组54人,占45%;年龄15岁到20岁的有18人,占15%;21岁到25岁的有67人,占55.83%;26岁到30岁的有29人,占24.17%;30岁以上的有6人,占5%;他们每周课外汉语学习时间0到2小时的有10人,占8.33%;2到4小时的有12人,占10%;4到6小时的有44人,占36.67%;6到8小时的有22人,占18.33%;8小时以上的有32人,占26.67%。这些学生来自于15个国家,来自吉尔吉斯斯坦的人数最多,有34人,占28.33%;来自哈萨克斯坦的有21人,占17.5%;来自俄罗斯的有18人,占15%;来自塔吉克斯坦的有13人,占10.83%;来自土库曼斯坦的有9人,占7.5%;来自乌兹别克斯坦的有7人,占5.83%;来自阿塞拜疆的有4人,占3.33%;来自乌克兰的有3人,占2.5%;来自阿富汗的有3人,占2.5%;来自蒙古的有2人,占1.67%;来自韩国的有2人,占1.67%;来自波兰的有1人,占0.83%;来自法国的有1人,占0.83%;来自美国的有1人,占0.83%;来自新西兰的有1人,占0.83%。

(二)交际策略总体使用情况分析

1. 交际策略问卷基本题目分析

这部分问卷是汉语交际策略测试题。在这份问卷中,以Farech & Kasper 对交际策略的分类为依据,包含了所有需要考察的交际策略,包括减缩策略、成就策略(合作策略、母语或外语策略、目的语策略、非语言策略和检索策略)共两大策略类型,又可归为六种小策略类型。如下表:

表8 "交际策略"主要项目表

		类型	项目内容大纲
交际策略	减缩策略	形式减缩	Q1回避话题 Q2个别词代整句
		功能减缩	Q3转换话题 Q4答非所问
	成就策略	合作策略	Q5直接询问/让对方重复 Q6间接求助——查字典
		母语或外语策略	Q7说母语 Q8直译 Q9说对方的母语 Q10语码转换
		目的语策略	Q11释义(迂回转述) Q12举例子 Q13近义词或容易的词替换 Q14生造词 Q15重组 Q16,Q17书面语代替口语
		非语言策略	Q18手势语 Q19肢体语言
		检索策略	Q20,Q21停顿或套语 Q22,Q23猜测

这部分是汉语交际的情景再现，真实客观地反映了学生在说汉语时遇到表达问题或困难的情况下所表现的言语行为，即当留学生遇到类似的交际问题时会采取哪些措施。对留学生交际策略使用测试题，以此来推测学习者本人使用交际策略的具体情况。并且问卷在设计时将专业术语转化成简单易懂的语言描述。例如："我会先用母语想好，然后翻译成汉语说出来"指的是以目的语为基础的交际策略。

2. 交际策略使用情况分析

根据Farech & Kasper从心理学的角度研究出发将交际策略分为减缩策略和成就策略两大类，全文以此为分类标准。依据Oxford（1990）的解释，笔者使用克隆巴赫α系数（Cronbach's alpha Coefficient）对问卷1第二部分的信度进行检验，结果如下：

表9 交际策略量表的信度（n=120）

项目	问卷总体	减缩策略	成就策略
α系数	0.897	0.805	0.862

通常克隆巴赫α系数的值在0和1之间。如果α系数超过0.6，一般认为量表具有相当的信度，可靠性较强。从上表中克隆巴赫α系数来看，问卷和问卷分内容的α系数均在0.8以上，说明该问卷具有良好的信度。

笔者对新疆大学157名留学生（有效人数120人）进行了交际策略问卷调查，并对每一个交际策略项目进行了统计分析，从下表中可以清楚地看到被试者在各个项目上的强度差异。通过分析调查问卷的结果，并结合被调查者个人因素与汉语交际策略使用情况之间的关系，对留学生汉语交际策略使用的总体情况加以描写和分析，结果如下：

表10 交际策略结果分布

变量	项目	平均值(Mean)	标准差(S.D.)	各因素平均值
减缩策略	Q1	3.158 3	0.115 18	3.110 4
	Q2	2.800 0	0.819 92	
	Q3	3.466 7	0.084 14	
	Q4	3.016 7	0.099 91	
合作策略	Q5	3.483 3	0.997 34	3.587 5
	Q6	3.691 7	0.655 27	
母语或外语策略	Q7	2.216 7	0.297 60	2.592 8
	Q8	2.691 7	0.941 98	
	Q9	2.757 9	0.468 34	
	Q10	2.705 0	0.085 91	
目的语策略	Q11	3.633 4	0.946 76	3.233 9
	Q12	3.458 3	1.003 32	
	Q13	3.208 3	0.121 94	
	Q14	2.916 7	0.245 58	
	Q15	2.875 0	0.310 32	
	Q16	3.119 9	0.560 84	
	Q17	3.425 8	0.704 54	
非语言策略	Q18	2.758 3	0.609 01	2.695 1
	Q19	2.631 8	0.940 14	
检索策略	Q20	3.104 6	0.698 12	2.960 5
	Q21	2.950 4	0.968 84	
	Q22	2.795 1	0.507 79	
	Q23	2.991 7	1.049 18	

以上是交际策略所有项目的平均值和标准差情况,它们从一定程度上反映了学生使用交际策略的具体情况。其中Q7的

平均值(M)2.216 7属于低分项目,这可能与汉语学习者在交际遇到问题时处于说汉语还是说母语的矛盾犹豫之中有关。本研究中,笔者将汉语学习交际策略的两大类减缩策略和成就策略的平均值和标准差的总体情况归纳如下:

表11　减缩策略和成就策略使用总体情况表

类型	平均值(Mean)	标准差(SD)
减缩策略	3.110 4	0.279 79
成就策略	3.013 9	0.682 30

从上表中的统计结果可以看出,120名学生在汉语交际策略的使用上,减缩策略的使用频率(3.110 4)高于成就策略的使用频率(3.013 9),两种策略总体使用频率差别不大。笔者将交际策略使用总体情况归纳如下:

表12　交际策略使用总体情况表

类型	平均值(Mean)	标准差(S.D.)
减缩策略	3.110 4	0.279 79
合作策略	3.587 5	0.826 31
母语或外语策略	2.592 8	0.448 46
目的语策略	3.233 9	0.556 19
非语言策略	2.695 1	0.774 58
检索策略	2.960 5	0.805 98

由表可知,汉语学习者对交际策略各类型的使用频率的平均值(M)都达到了2.5以上。尽管学生交际策略的使用频率总体较高,但是从标准差方面来看,合作策略(0.826 31)和检索策略(0.805 98)的内部具有较大的离散性,也就是说学生在这些策略内部的使用上具有较大的差异,呈现两级分化的趋势。

笔者按照汉语学习者使用交际策略的平均值(M)从高到低进行排序,如下表所示:

表13　交际策略使用频率顺序表

顺序	1	2	3	4	5	6
分类	合作策略	目的语策略	减缩策略	检索策略	非语言策略	母语或外语策略

从表中可知,汉语学习者交际策略从高到低的平均值排序依次是合作策略(3.587 5)、目的语策略(3.233 9)、减缩策略(3.110 4)、检索策略(2.960 5)、非语言策略(2.659 1)和母语或外语策略(2.592 8)。

根据Oxford量表的规定,学习者交际策略中只有合作策略(3.587 5)的平均值介于3.5～5.0之间为高频度使用策略。交际策略的其他策略类型如:目的语策略(3.233 9)、减缩策略(3.110 4)、检索策略(2.960 5)、非语言策略(2.659 1)、母语或外语策略(2.592 8)均介于2.5～3.4之间为中频度使用策略,而平均值2.4以下的低频度策略则没有。学习者减缩策略和成就策略均为使用频度中偏上的策略类型。同时也表明汉语学习者对汉语交流沟通技巧有了高度的重视,也对交际策略的运用给予了很大的关注。

研究表明:①汉语学习者使用交际策略较多,减缩策略和成就策略的使用相差不大。②汉语学习者最常使用的交际策略是合作策略,合作策略的使用明显高于其他类型的交际策略。③汉语学习者使用母语策略较少,为交际策略中使用最少的策略。④相对于母语策略的使用频率来说,汉语学习者更多地使用减缩策略和检索策略。

在汉语交际中适当地使用交际策略会给学习者带来事半功

倍的效果。交际策略中的合作策略使用频率最高，在汉语交际过程中，遇到困难时积极地回应对方，向对方寻求帮助，往往能起到立竿见影的效果，也是学习者使用最多的交际策略。其次是目的语策略，当学习者无法准确说出某个词时，他会用其他的话对该词语进行解释或描述，这说明学习者有强烈的交际意愿，并且希望用目的语来完成汉语交际。减缩策略是学习者使用频率排行第三的策略，学习者在交流不如意时，由于担心交际中的时间不够，或者担心汉语说得不好，或者说错话等问题，往往会果断回避或放弃某些话题，或者干脆用关键词来代替整句话的意思，这样的交际虽然不免消极，但是整体交际效果也不会很差。

汉语学习者运用检索策略较多，究其原因，为了克服"交际障碍"，学习者会充分利用他们掌握的有关日常交际的知识来判断和猜测会话的内容和意思，并在交际过程中进行合理有效的猜测和推理。运用手势动作等体态语非语言策略也是一个不错的选择，形象直观，理解性强。另外，当临时想不起来该怎么表达时，学习者会直接说母语、将目的语与自己的母语进行翻译或时而用母语时而用汉语进行语码转换，这都是运用了母语策略。

（三）汉语水平对交际策略的影响分析

1. 不同汉语水平分布情况

笔者参照汉语学习者所在班级的汉语水平、学习汉语的时间、HSK等级和汉语水平自我评价等因素，将被测者分为三个等级标准。学习汉语的时间在两学年以内（HSK一、二级水平）的汉语水平相对较低的留学生称为初级水平者；学习汉语的时间在三到四学年（HSK三、四级水平）的汉语水平中等的留学生称为中级水平者;学习汉语的时间在四学年以上(HSK 五、六级水平)的汉语水平相对较高的留学生称为高级水平。

表14 汉语学习者汉语水平分布

等级 Level	人数 Number	百分比 Percent
初级 Elementary	24	20%
中级 Intermediate	28	23.33%
高级 Advanced	68	56.67%
总计 Total	120	100%

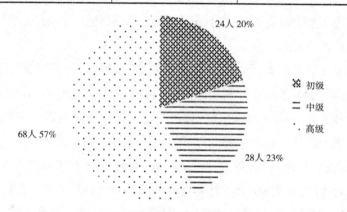

图5 汉语学习者汉语水平分布情况

根据上表可知,在本次的调查中初级水平学生共24人,占20%;中级水平学生28人,占23.33%;高级水平学生68人,占56.67%,总共120人。

2. 不同汉语水平学生使用交际策略情况

本研究中,不同汉语水平的汉语学习者使用交际策略情况存在着一定的差异,初级、中级、高级三个水平共120名有效被试者完成所有交际任务各自使用的交际策略如下表所示:

表15 不同汉语水平的学习者交际策略使用分布情况

组别	（Mean） (S.D.)	减缩 策略	合作 策略	母语或外语 策略	目的语 策略	非语言 策略	检索 策略
初级	平均值	3.184 7	3.007 5	3.061 8	2.976 6	2.928 3	2.901 8
	标准差	0.219 92	0.955 27	0.536 19	0.586 76	0.859 12	0.908 84
中级	平均值	3.019 4	3.792 9	2.406 2	3.059 2	2.401 6	2.942 9
	标准差	0.185 95	0.821 29	0.426 31	0.504 91	0.693 85	0.806 16
高级	平均值	2.966 1	3.695 8	2.295 4	3.341 2	2.455 9	2.854 4
	标准差	0.206 17	0.779 79	0.405 78	0.480 94	0.598 76	0.713 79

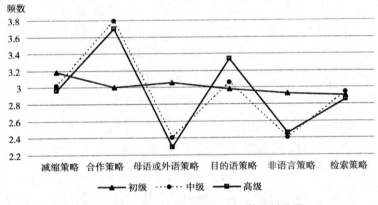

图6 不同汉语水平学生使用交际策略折线图

研究表明,从初级汉语水平到高级汉语水平的学习者,母语或外语策略、减缩策略的使用呈现出递减的趋势,也表明,随着汉语水平的提升,母语或外语策略、减缩策略的使用频率逐渐降低;目的语策略呈现出递增的趋势;非语言策略呈现出两头大中间小的趋势,中级汉语水平学习者使用母语或外语策略和非语言策略少一些。

不同汉语水平学习者使用汉语交际策略的情况各不相同，笔者按照不同汉语水平学习者交际策略运用的平均值(M)从高到低进行排序，如下表所示：

表16　不同汉语水平学习者交际策略使用频率顺序对比

顺序 组别	1	2	3	4	5	6
初级	减缩策略	母语或 外语策略	合作 策略	目的语 策略	非语言 策略	检索 策略
中级	合作策略	减缩策略	目的语 策略	检索策略	母语或 外语策略	非语言 策略
高级	合作策略	目的语 策略	减缩 策略	检索策略	非语言 策略	母语或 外语策略

从表中可以看出，初级组学生交际策略使用频率的顺序依次是：减缩策略、母语或外语策略、合作策略、目的语策略、非语言策略、检索策略。中级组学生交际策略使用频率的顺序依次是：合作策略、减缩策略、目的语策略、检索策略、母语或外语策略、非语言策略。高级组学生交际策略使用频率的顺序依次是：合作策略、目的语策略、减缩策略、检索策略、非语言策略、母语或外语策略。

根据上述统计数据，可以分析出：①总体上说，汉语口语交际策略的使用频率与汉语学习者汉语水平之间成反比关系，汉语水平越高，交际策略使用的频率越低；相反，汉语水平越低，交际策略使用的越多；②交际策略使用的具体类型和频率随着汉语水平的变化而不断发生变化，初级汉语水平的学生更多地选择减缩策略、母语策略和非语言策略；中高级汉语水平的学生更多地运用合作策略和目的语策略；③关于减缩策略，初级、中级和高级汉语水平者使用频率均较高，然而，在检索策略的使用上,不同级别的汉语水平者使用频率均较低。

笔者从汉语学习者的汉语水平角度分析,初级水平学习者,由于刚开始接触汉语,多数还处在汉语入门阶段,主要学习的是汉语拼音以及简单的口语句式,掌握的词汇量有限,当学生遇到交际障碍时会首选减缩策略,说一些关键词。与此同时,学习者还是习惯用母语的思维方式,所以潜意识里大量使用母语策略。另外,当学生的口头表达受限时,使用一些肢体语言将在一定程度上弥补词汇知识的匮乏,从而有助于交际的进一步深入,所以非语言策略也是初级汉语水平学生比较青睐的交际策略方式。

对于中级水平的汉语学习者来说,大多数的人汉语已经学习了两到三学年的时间,在词汇、语法等方面都不太成问题,大多数学生比较有自信地愿意用汉语交流,在遇到交际困难时会倾向于用汉语解决或向对方寻求帮助,由此看来,合作策略和目的语策略以较高频率出现就不足为奇了。

在高级组中位居前三位的依然是合作策略、目的语策略和减缩策略,可以看出中高级的学生都有意识地多使用与汉语相关的策略,而检索策略用的较少,非语言策略和母语策略基本弃之不用了。具有较高汉语水平的汉语学习者已经可以比较顺畅地运用汉语,并且对于汉语文化有了比较多的了解,在交际话题、表达方式及会话的理解上都有了很大的提高,此时能用语言解决的问题就不会劳烦肢体表达了。

总之,研究发现,汉语水平直接影响交际策略的选择。初级、中级、高级三种不同汉语程度的学生在交际策略的运用上有显著差别,且随着语言程度的逐渐提高,交际策略的使用大致呈现出"减少"的趋势。换言之,初级水平学习者使用交际策略明显高于中级水平和高级水平的学习者,在策略类型上,初级水平的学生倾向于选用更多种类的交际策略。

(四)动机因素对交际策略的影响分析

这部分问卷的设计主要是参考了秦晓晴的二语学习动机问卷,再根据汉语学习者的实际情况设计编撰而成。

1. 各动机类型使用情况分析

本研究的主要目的是探讨动机对交际策略的影响情况。鉴于当前内在动机和外在动机的研究涉及较多,所以笔者选择前人研究较少涉及一些的融入型动机和工具型动机。动机研究专家 Gardner 和 Lambert 将动机划分为"融入型动机"与"工具型动机"两类。融入型动机是学习者学习第二语言,并努力地融入其中。工具型动机是学习者将语言看成是工具,期待能给自己带来益处,如考取证书、找到好工作等。笔者对汉语学习者的动机进行测试,主要分为两大类:融入型动机和工具型动机均各有5个项目,共有20道题。

本文对新疆大学157名留学生(有效人数120人)的融入型动机和工具型动机进行了问卷调查,并对每一个动机项目运用 SPSS 软件进行了统计分析,每一个动机项目的具体使用频率如下:

表17　动机类型结果分布

变量	项目内容大纲	平均值(Mean)	标准差(S.D.)	各因素平均值
融入型动机	Q24 与中国人交流	3.483 3	0.907 33	3.228 3
	Q25 与中国人生活	3.500 0	0.978 77	
	Q26 了解中国文化	3.525 0	0.952 33	
	Q27 融入中国社会	2.266 7	1.157 61	
	Q28 了解中国人思维方式	3.366 7	1.020 24	

变量	项目内容大纲	平均值(Mean)	标准差(S.D.)	各因素平均值
工具型动机	Q29旅游工具	3.441 7	0.933 02	3.498 3
	Q30提升工作工具	3.666 7	0.946 76	
	Q31查阅工具	3.658 3	0.930 31	
	Q32看中国电影,听歌曲	3.683 3	0.898 02	
	Q33通过考试	3.041 7	1.033 12	

　　表中融入型动机的5项内容说明学生希望与中国人沟通交流,想要了解中国的文化和生活方式,乐意成为其中一员。工具型动机的5项内容说明学生把汉语当成工具,如:旅游工具、查阅工具、交流工具、翻译工具、提升工作工具等,是为了实际的价值与好处。

　　从表中可知,学生具有强烈的工具型动机(3.498 3)和融入型动机(3.228 3)。在所有动机类型中,工具型动机的程度最高。融入型动机Q27中说"我想找中国男/女朋友、丈夫/妻子,最终移民中国"的标准差占1.157 61,表明学生对该问题的意见不一,认可度上也有很大分歧。笔者分析认为,究其原因可能与研究对象自身的个体差异有关,年龄大的学生不太认可该想法,年龄小的却可能赞同,虽然他们对中国文化、对汉语感兴趣,但是还没有想到要移民中国,所以该项目差异较大。

　　可以清楚看出,学生的工具型动机的平均值(M)高于融入型动机。究其原因,学生把汉语当作工具,如看电影、看杂志、听歌曲、找工作、旅游等,汉语的用处无处不在,所以工具型动机非常强烈。汉语学习者愿意与中国人生活,想跟中国人交朋友,渴望融入中国社会,所以融入型动机也比较强烈。

2. 各动机类型与交际策略的相关性分析

汉语学习者各动机类型对交际策略的影响情况如何,笔者进一步做了两者之间的 Pearson 相关性分析(correlation analysis),结果如下:

表18　动机与交际策略相关关系表

动机		减缩策略	合作策略	母语或外语策略	目的语策略	非语言策略	检索策略
融入型动机	Pearson 相关系数	0.305**	0.184*	0.053	0.268**	0.139*	0.018
	显著性	0.072	0.045	0.565	0.457	0.131	0.844
	样本容量	120	120	120	120	120	120
工具型动机	Pearson 相关系数	−0.291**	−0.030	−0.087	−0.255**	−0.142*	−0.022
	显著性	0.903	0.745	0.347	0.090	0.986	0.813
	样本容量	120	120	120	120	120	120

**表示在0.01水平上显著相关(双尾检测)
*表示在0.05水平上显著相关(双尾检测)

从上表中看出,融入型动机与六种交际策略类型都呈正相关,与减缩策略、目的语策略的相关性在0.01水平上呈显著相关,与合作策略、非语言策略的相关性在0.05水平上呈显著相关,与母语策略、检索策略的相关性不显著。

工具型动机与六种交际策略类型都呈负相关,与减缩策略、目的语策略在0.01水平上呈显著相关,与非语言策略的相关性在0,05水平上呈显著相关,与合作策略、母语或外语策略、检索策略的相关性不显著。

还可以看出,汉语学习者动机因素与交际策略具有统计学意义的相关系数有7对。融入型动机与交际策略具有统计学意义的相关系数有4个。工具型动机与交际策略具有统计学意义的相关系数有3个。

减缩策略与动机具有统计学意义的相关系数有2个。合作策略与动机具有统计学意义的相关系数有1个。母语或外语策略与动机具有统计学意义的相关系数有0个。目的语策略与动机具有统计学意义的相关系数有2个。非语言策略与动机具有统计学意义的相关系数有2个。检索策略与动机具有统计学意义的相关系数有0个。

以上数据说明，对于汉语学习者来说，在影响交际策略的各种动机因素中，融入型动机对交际策略的影响最大，有4个Pearson相关系数；工具型动机对交际策略的影响也很强烈，有3个Pearson相关系数。

动机不同的学生在交际策略的使用上存在显著性差异。归根到底，是因为汉语学习者的学习动机不同，会导致学习的方法和行为的差异。融入型动机学生在学习汉语时，目标清晰，目的明确，多使用目的语策略，其次，在口语表达遇到障碍时，也尽量少说母语，母语或外语策略是使用的低频策略。学生学习汉语是为了到中国旅游，为了看懂中国电影和书籍，也为了使汉语生活更加丰富多彩，所以工具型动机也是关键因素。这也表明，动机对交际策略的使用具有积极的作用，因此，应该提高动机以促进汉语学习者交际策略能力的发展。

3. 动机行为各维度对交际策略的影响分析

以上笔者做了动机类型与交际策略的相关性分析，那么动机行为有什么样的具体表现？它们对交际策略的影响又是怎样的？

动机行为各维度是动机行为的普遍表现形式，笔者参考了秦晓晴的二语学习动机问卷中关于动机行为各维度的动机行为量表,其中包括了16个项目(问卷34题~49题),经过信度分析后,划分为"注意力""持续性""主动性"和"用功程度"4个方面。也就是说,根据原有的16个变量新生成了4个变量。对于这些变量,将使用平均值、标准差、偏度和峰度来进行描述。本研究进一步通过对动机行为(注意力、持续性、主动性、用功程度)四个基本维度进行调查分析,结果发现如下:

表19　动机行为各维度的描述统计量

新变量	原有变量(问卷项目)	平均值	标准差	偏度	峰度
注意力	Q34学汉语走神(-)	3.066 7	1.001 96	0.018	-0.269
	Q35学汉语能排除干扰,坚持学习	2.566 7	0.976 47	0.471	0.041
	Q36学汉语时注意力比较集中	2.558 3	0.914 82	0.193	-0.548
	Q37上课容易想一些无关的东西(-)	2.958 3	1.032 22	-0.149	-0.535
持续性	Q38坚持做汉语功课	2.366 7	0.995 23	0.246	-0.960
	Q39不能按时完成汉语作业(-)	3.350 0	1.142 38	-0.380	-0.572
	Q40课外抽出时间学习汉语	2.525 0	0.869 29	0.234	-0.301
	Q41放弃汉语作业(-)	3.166 7	1.079 47	-0.094	-0.525
主动性	Q42主动检查汉语学习效果	2.491 7	0.925 78	0.348	0.057
	Q43参加汉语活动	2.675 0	1.013 87	0.046	0.360
	Q44课外主动练习汉语	2.366 7	0.960 86	0.416	0.259
用功程度	Q45课外有汉语学习时间表	2.841 7	1.076 84	0.199	0.195
	Q46留意学习所看到和听到的汉语	2.533 3	0.906 87	0.518	0.409
	Q47设法弄懂课堂上不懂的东西	2.725 0	0.969 82	0.017	0.204
	Q48能自觉地去学习汉语	2.491 7	1.069 01	0.547	0.241
	Q49设法多花时间学汉语	2.672 3	0.948 77	0.097	0.021

偏度(skewness)和峰度(kurtosis)是两个重要的数据分析指标。一般来说,如果这两个指标的绝对值小于1,表明数据分布呈正态对称分布有显著的差异。上表中所有变量的偏度和峰度的绝对值均小于1,因此该数据可以用来进行后续的参数检验,如Pearson相关性分析等。

为了分析动机行为(注意力、持续性、主动性、用功程度)与交际策略之间的相关性,笔者将两者做了Pearson相关性分析(correlation analysis),结果如下:

表20　动机行为各维度与交际策略相关关系表

动机行为		减缩策略	合作策略	母语或外语策略	目的语策略	非语言策略	检索策略
注意力	Pearson相关系数	-0.294**	0.120	0.095	-0.106	0.092	0.101
	显著性	0.491	0.191	0.304	0.948	0.317	0.271
	样本容量	120	120	120	120	120	120
持续性	Pearson相关系数	-0.022	0.221*	-0.062	0.230*	0.171	0.016
	显著性	0.808	0.015	0.501	0.747	0.062	0.910
	样本容量	120	120	120	120	120	120
主动性	Pearson相关系数	-0.141	0.140	-0.054	0.180*	0.011	-0.239*
	显著性	0.124	0.127	0.555	0.386	0.908	0.757
	样本容量	120	120	120	120	120	120
用功程度	Pearson相关系数	0.077	0.159	0.229*	-0.047	0.280**	0.113
	显著性	0.403	0.083	0.012	0.612	0.002	0.218
	样本容量	120	120	120	120	120	120

**表示在0.01水平上显著相关(双尾检测)

*表示在0.05水平上显著相关(双尾检测)

从上表中得出,注意力与减缩策略、目的语策略呈负相关,与合作策略、母语或外语策略、非语言策略、检索策略呈正相关,与减缩策略的相关性在 0.01 水平上呈显著相关,与合作策略、母语或外语策略、目的语策略、非语言策略、检索策略的相关性不显著。

持续性与减缩策略、母语或外语策略呈负相关,与合作策略、目的语策略、非语言策略、检索策略都呈正相关,与合作策略、目的语策略的相关性在 0.05 水平上呈显著相关,与减缩策略、母语或外语策略、非语言策略、检索策略的相关性不显著。

主动性与减缩策略、母语或外语策略、检索策略都呈负相关,与其他策略都呈正相关,与目的语策略、检索策略的相关性在 0.05 水平上呈显著相关,与减缩策略、合作策略、母语或外语策略、非语言策略的相关性不显著。

用功程度与目的语策略呈负相关,与减缩策略、合作策略、母语或外语策略、非语言策略、检索策略都呈正相关,与非语言语策略在 0.01 水平上呈显著相关,与母语或外语策略在 0.05 水平上呈显著相关,与减缩策略、合作策略、目的语策略、检索策略的相关性不显著。

还可以看出,汉语学习者动机因素与交际策略具有统计学意义的相关系数有 7 对。注意力与交际策略具有统计学意义的相关系数有 1 个。持续性与交际策略具有统计学意义的相关系数有 2 个。主动性与交际策略具有统计学意义的相关系数有 2 个。用功程度与交际策略具有统计学意义的相关系数有 2 个。

减缩策略与注意力具有统计学意义的相关系数有 1 个。合作策略与持续性具有统计学意义的相关系数有 1 个。母语或外语策略与用功程度具有统计学意义的相关系数有 1 个。目的语策略与主动性具有统计学意义的相关系数各有1个。非语言策略与用功程度具有统计学意义的相关系数有1个。检索策略与主动性具有统计学意义的相关系数有1个。

由此说明，对于汉语学习者来说，在影响交际策略的各种动机行为因素中，持续性、主动性、用功程度对交际策略的影响较大，均有2个Pearson相关系数；其次是注意力对交际策略的影响没有其他动机行为因素的影响作用大，只有1个Pearson相关系数。

汉语学习者能坚持学习汉语，坚持做汉语功课，坚持不放弃的这种"持续性"动机行为，对学习汉语有极大的促进作用。同时，与其他交际策略相比，学生更多地运用合作策略和目的语策略，两者是使用的高频策略。学生会主动练习汉语，主动检查汉语学习效果，所以"主动性"动机行为对汉语学习者来说尤为重要。主动性高的学生，会自觉运用目的语策略和检索策略，自己探知上下文意思，寻求解答。学生自己努力学习，多下功夫钻研汉语，多思考，多揣摩的这种"用功程度"动机行为，也是重要的影响因素之一。学生们喜欢一边说汉语一边说母语或其他外语，母语或外语策略运用较多，学生也会用多种手势语等非语言策略。当然，学生平时的注意力不集中，学习汉语时分心走神，容易想入非非等消极状态会影响学习效率。正因为如此，注意力低下的学生难免会使用更多的减缩策略。

总之，研究表明，动机对交际策略的影响程度各有不同。融入型动机对交际策略的影响非常强烈，工具型动机对交际策略的影响也很强烈。同时也发现，学生的各种动机越强，交际策略使用越多，尤其是目的语策略使用频率最高。在影响交际策略的动机行为各维度中，持续性、主动性、用功程度对交际策略的影响均较大,注意力的影响则相对小一些。

(五)会话对象对交际策略的影响分析

会话对象也是影响交际策略的重要因素之一。笔者有幸于2015年6月份期间对新疆大学的留学生进行会话调查。关于会话对象,笔者从157名留学生中精心挑选了2组,分别是师生会话20人,学生小组会话20人,总共40人,由此来观察各小组交际策略使用频率。如果有必要,可以让会话对象对即将要用到的句子和词语做出充分的准备。老师和学生、学生和学生之间轮流对话,连续5轮对话即可。〔会话调查提纲见附录2(三)、会话实录见附录2(五)〕

1. 师生会话中交际策略的使用情况

本节以老师和不同背景的留学生为被试,收集他们自然会话的语料。下面是师生会话中,汉语学习者使用交际策略的典型情况。

请看例子,会话一:

①丽莎:老师好!

②老师:你好! 欢迎你来到中国,你先简单说说自己吧。

③丽莎:好的。我是丽莎,我的英文名字是Lisa。我来自于俄罗斯,我喜欢跳舞,跳舞就是dancing,就像这样,扭扭腰呀,哈哈,哈哈(用手比划跳舞的样子)。我希望学好汉语,交好多好多朋友。(母语或外语策略、非语言策略)

④老师:呵呵,你跳起舞来真好看,你可以加入学校里的舞蹈协会,认识更多的人。

⑤丽莎:舞蹈协会? 协会? 是干什么的呀,是不是比赛呀? (检索策略)

⑥老师:呵呵,不是比赛啦,<u>这个舞蹈协会是学校里的社团,是由许多喜欢跳舞的学生自愿组成的一个小小的团体</u>,社团里有很多丰富多彩的联欢活动,娱乐节目等。(目的语策略)

⑦丽莎:哦,我好想去看看哟。

⑧老师:你可以关注一下,多了解一下,想好了,再去申请加入。

⑨丽莎:好的,谢谢老师。

⑩老师:不客气。

此例话轮3中,学生丽莎介绍自己时,时而用汉语,时而用英语"dancing"这一语码转换策略,属于交际策略中的母语或外语策略;丽莎一边说话一边亲自示范跳舞的动作,这是使用了手势动作等体态语的非语言策略;话轮5中学生丽莎不知道"协会"一词的真正内涵,然后在大脑中进行一番思考后,猜测"协会"的意思是"比赛",这是交际策略中的检索策略;话轮6中老师为了使丽莎明白而专门解释一番,很明显是运用了释义策略。

请看例子,会话四:

①老师:请用"陶醉"一词造句。

②大卫:呃……呃,"听说他陶醉了我的姐姐"。

③老师:哈哈哈。句子错了。

④大卫:啊? 什么? 错在哪里了呀,老师。(合作策略)

⑤老师:"陶醉"是忘我地沉浸于某种情境中,比如思想,音乐等。这属于搭配错误。(目的语策略)

⑥大卫:哦,哦,原来如此呀。那怎么造句呢?(合作策略)

⑦老师:<u>可以说"那音乐令人陶醉"或者"他吸引了我的姐姐"等等。</u>(目的语策略)

⑧大卫:噢噢,我懂了,那我也造一个,"我陶醉在歌声中"。

对吗,老师?

⑨老师:Bingo,答对了,太好了。(母语或外语策略)

⑩大卫:哈哈,哈哈。

此例话轮4中,大卫因为听不懂而直接向老师询问,是交际策略中的合作策略;话轮5中的老师为学生详细解释了"陶醉"一词的用法和意思,很明显是目的语策略中的释义策略;话轮6与话轮4相似,是询问老师,是合作策略;话轮7与话轮5类似,是老师的解释,是目的语策略;话轮9中老师运用语码转换,时而用英文"Bingo",时而用中文太好了,这是母语或外语策略。

请看例子,会话五:

①萨莉亚:老师,上星期我和朋友出去逛街了,看到好多好玩的东西哟!

②老师:真的呀,那你都买了些什么呀?

③萨莉亚:<u>我就买了个插笔的圆圆的长长的盒子(一边描述一边用手比划形状)</u>。(目的语策略、非语言策略)

④老师:你说的是笔盒或笔筒吧。

⑤萨莉亚:嗯嗯,是的,就是笔筒。我有很少钱,不能买贵的东西。(减缩策略)

⑥老师:句子错了,应该改正为"我的钱很少,不能买贵的东西"。

⑦萨莉亚:Why? Tell me why?(母语或外语策略)

⑧老师:<u>"有"是动词,表示领有、具有,跟名词结合有程度深的意思,如有钱、有福等等。但"有"不能跟表示程度浅的形容词"很少"连用,搭配不当哟。</u>(目的语策略)

⑨萨莉亚:哦,原来是搭配错误哦。

⑩老师:是的。

此例话轮3中,萨莉亚不能准确说出"笔筒"一词,就将笔筒描述成插笔的圆圆的长长的盒子,这是释义策略。萨莉亚用手比划笔筒的形状,显然是用了非语言策略中的手势语策略;话轮5中萨莉亚从"笔筒"话题一下子转换到下一个"钱少"的话题,是减缩策略;话轮7中萨莉亚直接全英文表达,运用了母语或外语策略;话轮8中老师向学生解释句子的错误之处,属于目的语策略中的一种。

师生会话反映了交际策略的具体使用情况〔具体会话语料,见附录2(五)〕:

会话二中的话轮1中学生塔茨娅娜想把外语"good luck"翻译成汉语,是母语或外语策略;话轮4中老师对"good luck"一词给出了多种翻译,有近义词组,有近似的表达,这是交际策略中的目的语策略;话轮8中老师对学生表示赞许,伸出大拇指,这是手势动作,是非语言策略。

会话三中的话轮2中艾肯本应该说"我没有写",却因为不知道语法规则,所以只能说出"我不写"来表达相近的意思,这属于减缩策略;话轮5中老师特地为学生详细解释了"我不写"和"我没有写"的区别,这是释义策略;话轮7中老师进一步给学生解释两者的语气不同,这也是运用了目的语策略。

会话六中的话轮4和话轮6中学生古丽因为不懂直接询问老师,是合作策略;话轮5是老师向学生解释句子的错误点,是释义策略,话轮7中老师使用了用近义词"呆"和"留",两者都是目的语策略。

会话七中的话轮4中学生有不明白的就直接询问老师,是合作策略;话轮5中老师对学生的困惑之处做出详细的解答,是释义策略。

会话八中的话轮1和话轮3中学生迈克询问老师问题,是合作策略;话轮2和话轮4中老师详细回答学生的问题,是目的语策略;话轮5中,学生迈克从"风水"和"迷信"的话题转向"盗墓笔记"的话题,是减缩策略。

会话九中的话轮3和话轮5中米娅热依询问老师"恐怕"和"害怕"一词的用法,使用的是合作策略;话轮4和话轮6中老师回复米娅热依两者的差别,使用的是目的语策略。

会话十中的话轮2和话轮6中阿莱克塞遇到疑问直接询问老师,运用了询问合作策略;话轮7中老师为学生详细讲解了"上本科生"一词的错误,使用了交际策略中的目的语策略。

总之,此次师生会话中,交际策略的各种具体策略类型几乎均有涉及,从整体上反映了师生会话对交际策略的使用情况。

2. 学生会话中交际策略的使用情况

本节以不同母语背景的留学生为会话对象,收集学生小组会话的语料,分析交际策略的使用情况。具体会话语料,见附录2(五)。下面是学生会话中,汉语学习者使用交际策略的具体情况。

请看例子,会话十二:

①安东尼娅:你是不是认识查理?

②贝诺克:嗯,认识呀,个子高高的(用手比划高度)。(非语言策略)

③安东尼娅:他跟我是同一个老师,他讲他认识你呢。

④贝诺克:嘿嘿嘿,我谁都不认识,但大家都认识我,呵呵呵。

⑤安东尼娅:额,那挺好的呀!

⑥贝诺克:为啥?

⑦安东尼娅:说明你的朋友比较多。

⑧贝诺克:我不喜欢人家都知道我,认识我。哈哈哈。我想偷偷地,那个,生活嘛。我想低……低……低调一点。(目的语策略、检索策略)

⑨安东尼娅:哦,为什么?

⑩贝诺克:算了,算了,不说了。(减缩策略)

上例话轮2中学生贝诺克用手比划身高,形象生动,使用了非语言策略。话轮8中学生贝诺克一开始无法说出"低调"一词,便用"偷偷地,那个,生活"来描述,这是运用了目的语策略中的释义(迂回转述)策略;后面的"低……低……低调一点"则是运用了停顿检索策略;话轮10中的"算了,算了,不说了"则是回避话题,是减缩策略。

请看例子,会话十六:

①道格拉斯:伊利克特拉,我们一块儿去吃午餐吧?

②伊利克特拉:对不起,今天我很忙,我不会去。

③道格拉斯:呃,你要说的是"不能去"吧,不是"不会去"吧?(检索策略)

④伊利克特拉:啊?什么呀?我越发不懂了,两者有区别吗?(合作策略)

⑤道格拉斯:额,呃,怎么说呢?我举个例子吧,"不能去"相当于英语中的"not be able to","不会去"则相当于"can't",前者是客观去不了,后者是主观不想去。(检索策略、目的语策略、母语或外语策略)

⑥伊利克特拉:哦,汉语好复杂呀。

⑦道格拉斯:一点都不复杂呦,"我不会去"就是自己做出的主观判断,"我不能去"表示有什么来约束"我"这个人所做的行

为,导致我不得不妥协。

⑧伊利克特拉:唉呀,算了,算了。(减缩策略)

⑨道格拉斯:好吧,那你真的不和我一起去吃午餐了吗?

⑩伊利克特拉:下次吧,这次我是真的忙。

此例话轮3中道格拉斯根据语境猜测对方的话语意思,是猜测检索策略。话轮4中伊利克特拉直接询问对方,是合作策略;话轮5中道格拉斯的"额,呃,怎么说呢"是检索策略;举个例子属于目的语策略,"不能用"用英语说是"not be able to","不会去"则是"can't",这是目的语策略中的相似词替换策略;后面一边说汉语一边说英语,语码转换自然,则是运用了母语或外语策略;话轮8中伊利克特拉的"算了算了"是减缩策略。

请看例子,会话十九:

①齐默尔曼:我喜欢画画,我喜欢的画家有 Da Vinci、Van Gogh、Monet,我喜欢学习他们的画法。你呢?(母语或外语策略)

②温莎:我只喜欢看画,但是我不太会画,因为太难了。

③齐默尔曼:呵呵,其实一点儿也不难,我可以教你的,就像这样:第一步,草图,先画出轮廓线,然后……(拿笔在纸上画画,一边画画,一边讲解)。(目的语策略、非语言策略)

④温莎:噢耶,太神奇了。

⑤齐默尔曼:很简单的,你要学吗?

⑥温莎:额,我,那个,画画的草纸好贵的哦。(减缩策略)

⑦齐默尔曼:没事,画纸是可以批发的,很便宜的。

⑧温莎:呃,这个,那个,到饭点了,我们先去吃饭饭吧。(减缩策略)

⑨齐默尔曼:哎呀,懒得说你了。

⑩温莎:呵呵,噗啦噗啦(嘟嘟嘴,扮鬼脸,哈哈大笑)。(非语

言策略）

此例话轮1中齐默尔曼一边说汉语，一边说英语，转换自然，运用了母语或外语策略；话轮3中齐默尔曼拿笔在纸上画画，用书面语代替口语，表现形式强烈，既运用了目的语策略，又运用了非语言策略中的手势语策略；话轮6中温莎选择逃避话题，答非所问，是减缩策略；话轮8中温莎在交谈中直接放弃前一话题，进而转入另一话题，运用了减缩策略；话轮10中温莎最后扮鬼脸，嘟嘟嘴，是非语言策略中的手势语策略。

学生小组会话整体上反映了交际策略的使用情况〔会话语料，见附录2（五）〕：

会话十一中的话轮4中学生奥尔丁顿使用了"really"这一母语或外语策略；话轮6中的"额，怎么说呢"则使用了停顿检索策略；话轮10中学生奥尔丁顿用手比划出"OK"的手势，一边比划一边说出"OK"，很明显既是运用了母语或外语策略，也使用了手势动作的非语言策略。

会话十三中的话轮5中露娜用"额……额……"的停顿词，通过努力回想思考在脑海中搜索出"留学生公寓"的准确位置，运用了检索策略；话轮9和话轮10中露娜和凯特分手告别都用了自己的母语"Bye"这一母语或外语策略，也都运用了非语言策略中的手势语策略。

会话十四中的话轮3中贝丝直接询问凯瑟琳"因"和"因为"的区别，是合作策略；话轮7中贝丝一时半会无法准确说出"一知半解"一词，便说出了该词的具体释义，运用了目的语策略；话轮8中凯瑟琳根据上下文和语境，猜测思考后认为贝丝是想表达"一知半解"一词，这是运用了检索策略。

会话十五中的话轮中1中"回送短信"是克拉梅沙编造出

来的新词,是生造词,是目的语策略;话轮2中迪莉娅根据语境,猜测出正确的说法应该是"回复短信",利用了检索策略;话轮6中迪莉娅时说话时英语和汉语自由转换,运用了母语或外语策略。

会话十七中的话轮2中丽贝卡对于自己不懂的就直接询问对方,是合作策略。话轮4中丽贝卡根据上下文猜测菲尔丁想表达的大概意思,是检索策略;话轮5中菲尔丁把母语翻译成汉语,这是母语或外语策略中的直译策略。

会话十八中的话轮1中苏珊娜说汉语和英语,语码转换自然,运用了母语或外语策略;话轮4中当阿里努尔听不懂苏珊娜的话时,他要求对方重复再说一遍,这运用了合作策略;话轮5中苏珊娜为了使对方明白,她重新组织话语让对方理解,运用了目的语策略;话轮9中苏珊娜有意逃避阿里努尔的问题,答非所问,运用了减缩策略。

会话二十中的话轮1中西蒙斯一边说英语,一边说汉语,运用了母语或外语策略;话轮5中西蒙斯使用手势动作摸摸头,使用面部表情皱皱眉,这都是手势语动作,也是非语言策略的一种;话轮10中由于误解,韦斯利特说"算了,算了"直接放弃此话题,运用了减缩策略。

总之,此次学生小组会话中,交际策略的各种具体策略类型几乎均有涉及,从一定程度上反映了学生会话使用交际策略的整体面貌。

3. 不同会话对象对交际策略的影响分析

笔者综合了师生会话和学生会话的具体会话语例,从中分析不同会话对象学习者使用交际策略的情况,结果如下表所示:

表21　不同会话对象学习者交际策略使用频率对比

类型		分类	师生会话 策略使用频率	学生会话 策略使用频率
减缩 策略	形式减缩	回避话题	0	3
		个别词代整句	1	0
	功能减缩	转换话题	3	1
		答非所问	0	2
		总计	4	6
成就 策略	合作策略	直接询问/让对方重复	11	4
		间接求助——查字典	0	0
		总计	11	4
	母语或外语 策略	说母语	1	4
		直译	1	1
		说对方的母语	0	1
		语码转换	2	4
		总计	4	10
	目的语策略	释义(迂回转述)	14	2
		近义词或容易的词替换	2	1
		生造词	0	1
		重组	0	1
		书面语代替口语	0	1
		总计	16	6
	非语言 策略	手势动作等体态语	3	7
		总计	3	7

续表21

类型	分类	师生会话 策略使用频率	学生会话 策略使用频率
检索策略	停顿或套语	0	5
	猜测	1	3
	总计	1	8

在师生会话中,老师若察觉到学生的困惑,会主动向学生讲解,这种释义策略的频次是14次,为师生会话中使用频次最高的交际策略。学生遇到问题会直接向老师提问,其直接询问策略次数达11次,是师生会话中使用频次排行第二的交际策略。交谈中转换话题策略的频次是3次,使用肢体语言进行描述的手势动作等体态语策略的频次是3次。师生间会话一边说汉语,一边说英语或其他语言的语码转化策略2次。会话时使用与所用的词近似或容易的表达法的近义词或容易的词替换策略2次。不知道怎么说时只说出单个词或者一两个关键词的个别词代整句策略1次。谈话时使用自己母语的说母语策略1次。把母语逐字翻译成汉语的直译策略1次。利用情景和所学的知识来猜测大概意思的猜测策略1次。其他策略几乎无人使用如:回避话题策略0次;答非所问策略0次;说对方的母语策略0次;生造词策略0次;重组策略0次;书面语代替口语策略0次;停顿或套语策略0次,这可能与笔者选择的会话语料有关系。交际策略使用总频次39次。

在学生会话中,学生间的会话较为随意,言行自由,学生使用手势动作等体态语策略的频次是7次,是学生会话中使用频次最高的交际策略。学生在交谈时,使用"啊,额,怎么说呢"等停顿或套语策略达5次,是学生会话中使用频次排第二的交际策略。学生听不懂别人的话时的直接询问策略4次,交流中说母语策略4次。学生说汉语和母语的语码转换策略4次,说汉语时,学生使用回避话题策略3次。学生利用上下文和语境来猜测对方的大概意思的猜测策略3次。如果对方的问题不会回答,学生会做出与此问题完全无关的回答的答非所问策略2次。学习者对事物或事件进行详细描述的释义策略2次。交谈中放弃前一话题转向另一话题的转换话题策略1次。学生把母语翻译成汉语的直译策略1次。会话中说对方的母语策略1次。近义词或容易的词替换策略1次。学习者编造出新词的生造词策略1次。当对方不明白时,学习者会重新组织话语让对方理解的重组策略1次。写汉字或画画的书面语代替口语策略1次。间接求助查字典策略0次。交际策略使用总频次41次。

汉语交际策略在汉语会话中出现频率较高。师生会话和学生小组会话中交际策略的使用频率有一定的差别,这是受交际对象的影响。不同会话对象学习者使用的交际策略大大不同。学生在会话中单独使用一种交际策略的情况较少,而很多时候交际策略的使用是复杂多样的。不同会话对象学习者交际策略使用比例对比见下表:

表22　针对不同会话对象学习者交际策略使用比例对比

		减缩策略	合作策略	母语或外语策略	目的语策略	非语言策略	检索策略
师生会话	频数(39)	4	11	4	16	3	1
	百分比	10.26%	28.21%	10.26%	41.03%	7.69%	2.56%
	排名	3	2	3	1	4	5
学生会话	频数(41)	6	4	10	6	7	8
	百分比	14.63%	9.76%	24.39%	14.63%	17.07%	19.51%
	排名	4	5	1	4	3	2

为了更好地了解会话对象对交际策略的总体影响情况,笔者以 X 轴为交际策略各类型,Y 轴为交际策略使用频次,将不同会话对象使用交际策略画图如下:

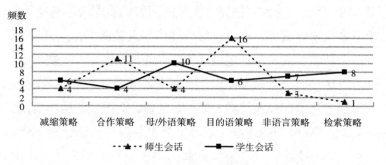

图7　会话对象对交际策略的总体影响情况折线图

从表中可以看出,师生会话使用交际策略频率的顺序依次是:目的语策略使用16次,使用频率排名第一,占41.03%;合作策略使用11次,使用频率排名第二,占28.21%;减缩策略和母语或外语策略并列各4次,使用频率排名第三,占10.26%;非语言策略使用3次,使用频次排名第四,占7.69%;检索策略使用1次,使用频率排名第五,占2.56%。

学生小组会话使用交际策略频率的顺序依次是:母语或外语策略使用10次,使用频次最高,占24.39%;检索策略使用8次,使用频率排名第二,占19.51%;非语言策略使用7次,使用频次排名第三,占17.07%;减缩策略和目的语策略并列各使用6次,使用频率排名第四,占14.63%;合作策略使用4次,使用频率排名第五,占9.76%。

研究表明,①师生会话中,目的语策略是使用的高频策略,检索策略使用较少。②学生会话中,母语或外语策略被大量使用。③师生会话中的合作策略和目的语策略使用频率明显高于学生小组会话。④学生会话中的母语或外语策略和检索策略使用频率明显高于师生会话。

笔者从会话对象角度进行分析,师生会话中的合作策略和目的语策略使用频率明显高于学生小组会话。究其原因,在回答教师问题时,如果遇到困惑,学生倾向于直接询问老师,请求帮助,所以师生会话中合作策略较多。学生会话中通常说话双方汉语水平差不多,学生选择合作策略也相对少一些。在师生会话中,老师较多地使用目的语策略中的解释性总结策略,给学生讲解问题,学生通过这种方式完成与教师进行意义协商的过程。

学生会话中的母语或外语策略和检索策略使用频率明显高于师生会话。在会话中,由于大家语言背景不同,在遇到交流障碍时,往往会借助通用语英语来沟通,语言交流也较为随意,因此在学生小组会话中多使用母语或外语策略;但在与老师的交流互动中更倾向于使用共知的语码——汉语,所以使用母语或外语策略相对少一些。学生在交际中遇到困惑时倾向于自己根据上下文或语境来探索问题,寻求答案,会主动运用检索策略中的停顿套语、猜测来保证会话得以顺利进行下去,同时赢得思考的时间。

无论是师生会话,还是学生小组会话,减缩策略都是两者使用的高频策略。会话中学生担心汉语说的不好或者说错话等问题,经常选择放弃信息、放弃话题、无话可说、答非所问等减缩策略形式。另外,老师的汉语水平一般高于留学生,学生会话中由于说话者汉语水平不高,不知道如何表达,因此,在交际中大量使用手势语和体态语等非语言策略。

总之,研究发现,会话对象同样影响汉语学习者交际策略的使用。师生会话中,目的语策略是使用的高频策略,教师对学生的讲解释义策略使用较多;学生会话中,母语或外语策略的使用频率最高,学生会话较为随意一些,多喜欢运用自己的母语或者外语与同学进行沟通交流。

(六)关于汉语交际策略的影响因素的访谈数据分析

本访谈的目的是为了进一步研究汉语学习者交际策略的影响因素,旨在深入了解学习者的汉语交际意愿,并对他们的汉语交流想法与意见进行了解和分析,从而完善交际策略的影响因素研究。笔者有幸于2015年6月期间对新疆大学的留学生进行访谈调查。关于访谈对象,笔者从157名留学生中精心挑选了30名学生,随后对他们进行了针对性的深度访谈〔见附录2(四)〕,访谈部分情况分析如下:

访谈首先涉及到学生为什么学习汉语,调查显示,学习者中85%学习汉语是因为他们觉得要是汉语说得好,将对未来的生活有帮助。甲学生说:"要是我会说汉语,我将来会找到更多工作。"他进一步的指出目前在他的国家(哈萨克斯坦)学习汉语的火爆程度。另外,乙学生说:"我学习汉语是因为自己真的喜欢汉语,喜欢看中国电视剧,喜欢中国书籍,喜欢听中文歌曲,我希望将来到中国发展。"

在对于学生是否了解汉语交际策略的访谈中,涉及到学生对交际策略的想法。结果显示:95%的学习者都不知道汉语交际策略是什么,都表示疑惑不解,不知所云;但98%的学习者在说汉语时会使用一些小方法小手段等来使对方明白话中的意思。丙学生说:"我都没听过什么交际策略,不知道,但我会举例子,用自己的话向对方解释是什么意思。"丁学生也说:"交际策略是什么东西,好复杂,只要把意思表达出来,能交流就行啦。"
此外,戊学生说:"初始我不太了解交际策略的,我来这里是为了
说好汉语,然后回国当汉语教师的,我喜欢学一些说汉语的技
巧,我要学好它,提高自己的表达能力。"等,表示他们对"交际策
略"这一专业术语不理解,但是却知道要使用各种各样的方法让
对方听懂自己的话语,在汉语交谈过程中使用一些语言策略是
有必要的。

访谈涉及到汉语学习者交际策略的影响因素时,结果分析
如下:

表23　汉语交际策略的影响因素

影响因素		减缩策略	合作策略	母语或外语策略	目的语策略	非语言策略	检索策略
1.汉语口语水平	人数	28	27	29	24	26	24
	百分比	93.33%	90%	96.67%	80%	86.67%	80%
2.焦虑或害怕	人数	23	21	21	22	23	22
	百分比	76.67%	70%	70%	73.33%	76.67%	73.33%
3.性格内向	人数	9	10	9	11	6	15
	百分比	30%	33.33%	30%	36.67%	20%	50%
4.面子问题	人数	3	5	4	7	4	3
	百分比	10%	16.67%	13.33%	23.33%	13.33%	10%
5.自信心不足	人数	17	19	21	23	17	15
	百分比	56.67%	63.33%	70%	76.67%	56.67%	50%
6.动机	人数	18	16	16	24	19	17
	百分比	60%	53.33%	53.33%	80%	63.33%	56.67%

续表23

影响因素		减缩策略	合作策略	母语或外语策略	目的语策略	非语言策略	检索策略
7.教学方法	人数	15	14	17	14	12	13
	百分比	50%	46.67%	56.67%	46.67%	40%	43.33%
8.课堂气氛或环境	人数	12	12	14	13	13	10
	百分比	40%	40%	46.67%	43.33%	43.33%	33.33%
9.教师	人数	19	19	22	20	19	18
	百分比	63.33%	63.33%	73.33%	66.67%	63.33%	60%
10.任务难度	人数	13	11	15	11	13	10
	百分比	43.33%	36.67%	50%	36.67%	43.33%	33.33%
11.话题	人数	14	13	16	14	15	12
	百分比	46.67%	43.33%	53.33%	46.67%	50%	40%
12.上课方式	人数	16	13	13	15	16	14
	百分比	53.33%	43.33%	43.33%	50%	53.33%	46.67%
13.班级大小	人数	2	2	5	3	3	2
	百分比	6.67%	6.67%	16.67%	10%	10%	6.67%
14.态度	人数	10	8	11	10	9	8
	百分比	33.33%	26.67%	36.67%	33.33%	30%	26.67%
15.其他	人数	7	7	8	6	7	5
	百分比	23.33%	23.33%	26.67%	20%	23.33%	16.67%

（备注：访谈者在"其他因素"一项中说的是："国籍""居住情况""作业太多""与同学的比较""课堂媒介语"等。）

从上表中可以看出，在影响汉语学习者交际策略的因素中，汉语口语水平影响最大，目的语策略、非语言策略和检索策略使用人数均在80%以上;减缩策略、合作策略和母语或外语策略使用人数均在90%以上。5号学生表示:"我是初学者,说汉语有困难,但是我会努力说的。如果别人不明白,我就描述给他听,或者直接说母语啦,也会停下来查查字典啦,实在弄不懂就请教老师啦。这就是你说的运用交际策略吧。等我学了两三年以后,我的汉语就棒棒啦,那时候都能直接交流了,可能就不需要这么多的技巧和方法吧。"

其次是焦虑或害怕因素,交际策略的六种策略类型使用人数均在70%到80%之间。11号学生表示:"当与别人交谈汉语时,我真的很焦虑,我说话都不利索了,还怎么使用交际策略呀。"28号学生说:"当我说汉语时,我一紧张,我原本会说的词都不会说了,唉呀,那我就说同义词了。"学生在课堂上由于内心紧张,说汉语时反而没平时说得干脆利索,汉语流利度也大打折扣,运用的交际策略也各不一样。

"性格内向"也是影响因素之一。交际策略中的减缩策略和母语或外语策略使用率均为30%;合作策略使用率33.33%;目的语策略使用率36.67%;非语言策略使用率20%;检索策略使用率50%。21号学生说:"我虽然是个小姑娘,性格不是很开朗,但我很独立的,我喜欢自己查字典,自己探寻答案,我自己利用上下文和语境联想一下,差不多就能懂了。"一般来说,性格内向的人,更愿意自己解决问题,检索策略使用更多一些。

"面子问题"也是影响交际策略的因素之一。目的语策略使用率23.33%;合作策略使用率16.67%;母语或外语策略和非语言策略使用率均为13.33%;减缩策略和检索策略使用率均为10%。17号学生说:"我觉得自己的汉语还可以,但是万一说错了,那就丢人丢到家了,好羞羞,会被笑话的。我汉语说得少,母语说得多,交际策略也用得少。"

"自信心不足"也是影响因素之一。减缩策略和非语言策略的使用率均是56.67%;合作策略的使用率是63.33%;母语或外语策略是70%;目的语策略76.67%;非语言策略是56.67%;检索策略是50%。4号学生说:"我说汉语没什么自信心,说母语说得多一点,母语策略用得多一点。我也喜欢用目的语策略中的近义词替换和重组策略。"一般来说,学生自信心越强,越愿意用汉语进行交际,愿意说更多的汉语,使用更多的交际策略;汉语水平差些的学生,自信心不足,不愿意开口,说汉语频率相对少一些,逃避话题多一些,减缩策略使用多一些。

"动机"也是影响交际策略的一个重要因素。合作策略和母语或外语策略使用率均为53.33%;检索策略使用率56.67%;减缩策略使用率60%;非语言策略使用率63.33%;目的语策略使用率80%。29号学生说:"如果我的学习积极性很高,我就会使用很多很多的交际策略来使我们的谈话更加形象生动。可是,如果我动机不强,那就谁都勉强不了我了,我就是不想说汉语,懒洋洋的,就是没办法。"

"教学方法"也是影响因素之一。减缩策略使用率50%;合作策略和目的语策略使用率均为46.67%;母语或外语策略使用率56.67%;非语言策略是40%;检索策略是43.33%。23号学生说:"教学方法很关键,教学方法新颖,能调动学习积极性,效果也好。反之,教学方法腐朽,危害学生。"

"课堂气氛或环境"也是其中的一个因素。减缩策略和合作策略使用率均为40%;母语或外语策略使用率是46.67%;目的语策略和非语言策略使用率均为43.33%;检索策略使用率是33.33%。16号学生说:"我喜欢课堂气氛好一点的班级,那样我会更乐意交流,说更多的汉语,使用更多的交际策略;要不课堂氛围不好,我说话都懒得说,更加不可能使用什么汉语交际策略了。"

当然,这与上汉语课的教师也有一定的关系。减缩策略和合作策略使用率均是63.33%;母语或外语策略使用率73.33%;目的语策略使用率是66.67%;非语言策略使用率是63.33%;检索策略使用率是60%。19号学生说:"教师是我们学习的伙伴,看到老师来了,我都会跟老师交流汉语,老师的回答让我很受益。我也会跟老师交流外语呀,交流怎样把汉语学得更好呀,我们相互学习,感觉很不错。"

"任务难度"也是影响交际策略的因素之一。减缩策略和非语言策略使用率均为43.33%;合作策略和目的语策略使用率均为36.67%;母语或外语策略使用率是50%;检索策略使用率是33.33%。27号学生说:"谈话时,任务如果比较难,我不知道怎么表达清楚时,我就会举例子,跟对方解释,或者画画、手势动作等很多方法。反之,任务简单,就很好说了。"

"话题"也是其中的重要因素之一。减缩策略和目的语策略的使用率均是46.67%;合作策略的使用率是43.33%;母语或外语策略的使用率是53.33%;非语言策略的使用率是50%;检索策略的使用率是40%。8号学生说:"我对话题比较感兴趣,兴致来了,我就滔滔不绝,兴致没了,就不说了,呵呵,随性。"

"上课方式"也是影响交际策略的因素之一。减缩策略和非语言策略的使用率均是53.33%;合作策略和母语或外语策略的使用率均是43.33%;目的语策略的使用率是50%;检索策略的使用率是46.67%。20号学生说:"我不喜欢传统的上课方式,感觉很木讷,我希望能够变得新颖一点,快乐一点的,最好课上唱唱歌呀,讲讲故事呀,大家都开开心心的,玩得好,学得更好。"

"班级大小"也是当中一个不可或缺的因素。减缩策略和合作策略以及检索策略均是6.67%;母语或外语策略使用率是16.67%;目的语策略和非语言策略均是10%。15号学生说:"老师很多学生都顾不过来,不利于交流,班级还是小一点好,但是吧,好像只要学生自己肯学,都会学得好好的吧。"

"态度"也是其中的一个因素。减缩策略和目的语策略的使用率均为33.33%;合作策略和检索策略的使用率均是26.67%;母语或外语策略的使用率是36.67%;非语言策略是30%。6号学生说:"学习汉语这种事吧,还是靠自己啦,自己态度端正,就不会有什么问题的。如果学习态度不行,自己怎么都学不进去,那就没办法了。"

"其他"也是影响因素之一。减缩策略和合作策略以及非语言策略的使用率是23.33%;母语或外语策略的使用率是26.67%;目的语策略的使用率是20%;检索策略的使用率是16.67%。11号学生说:"我是韩国学生,喜欢说汉语,感觉很亲切。可是好多美国学生和英国学生都说汉语好难学,这可能与国籍有关系吧。"2号学生说:"每天上完课,还要做大量作业,是很头痛的,可能会厌学。"13号学生说:"影响因素挺多的吧,比如居住情况,生活在汉语圈子里的人和圈外的人呀;还有'与同学的比较'和'课堂媒介语'呀,都是重要的因素哦。"

总之,通过访谈发现,影响汉语学习者交际策略使用的因素主要集中在汉语口语水平、焦虑或害怕、性格内向、面子问题、自信心不足、动机、教学方法、课堂气氛或环境、教师、任务难度、话题、上课方式、班级大小、态度以及其他因素等15个方面。其中,汉语口语水平、焦虑或害怕以及教师因素是排行前三的影响因素。对汉语交际策略影响因素的访谈研究,有助于深入挖掘潜藏的因素。

五、结语

当前,随着中国经济的发展,"汉语热"席卷世界。越来越多的人出于不同的目的来学习汉语,而所有影响汉语学习效果的因素中交际策略是相当重要的。本研究的主要目的是探索汉语学习者交际策略的选择情况,并研究分析不同学习者背景因素对汉语交际策略影响。

(一)本研究的发现

通过本次对新疆大学国际交流学院和新疆大学人文学院157名留学生(有效人数120人)的汉语学习情况进行实地调查研究,笔者发现:

①到新疆地区(新疆大学国际交流学院和新疆大学人文学院)学习汉语的留学生大部分是女生,男生相对少一些,他们的年龄在20~30岁之间居多,也就是说,本科毕业后继续读书的学生较多。此外,他们对中国文化或者中文不是很熟悉,学生大多已学习汉语2~4年了。

②整体上说,汉语学习者使用交际策略较多,减缩策略和成就策略的使用相差不大。汉语学习者最常使用的交际策略是合作策略,合作策略的使用明显高于其他类型的交际策略。汉语学习者使用母语或外语策略较少,为交际策略中使用最少的策略。相对于母语或外语策略的使用频率而言,汉语学习者更多地使用减缩策略和检索策略。

③研究发现,汉语水平直接影响交际策略的选择。初级、中级、高级三种不同汉语程度的学生在交际策略的运用上有显著差别,且随着语言程度的逐渐提高,交际策略的使用大致呈现出"减少"的趋势。换言之,初级水平学习者使用交际策略明显高于中级水平和高级水平的学习者,在策略类型上,初级水平的学生倾向于选用更多种类的交际策略。交际策略使用的类型和频率随着汉语学习者汉语水平的提高而不断变化,初级汉语水平的学习者更多地选择减缩策略和母语或外语策略;中级和高级汉语学习者更多地使用合作策略和目的语策略。

④研究表明,动机对交际策略的影响程度各有不同。融入型动机对交际策略的影响非常强烈,工具型动机对交际策略的影响也比较强烈。同时也发现,学生的各种动机越强,交际策略使用越多,尤其是目的语策略使用频率最高。在影响交际策略的动机行为各维度中,持续性、主动性、用功程度对交际策略的影响均较大,注意力的影响则相对小一些。

⑤研究也发现,会话对象同样影响汉语学习者交际策略的使用。师生会话中,目的语策略是使用的高频策略,教师对学生的讲解释义策略使用较多;学生会话中,母语或外语策略的使用频率最高,学生会话较为随意一些,多喜欢运用自己的母语或者外语与同学进行沟通交流。

⑥通过访谈发现,影响汉语学习者交际策略使用的因素主要集中在汉语口语水平、焦虑或害怕、性格内向、面子问题、自信心不足、动机、教学方法、课堂气氛或环境、教师、任务难度、话题、上课方式、班级大小、态度以及其他因素等15个方面。其中,汉语口语水平、焦虑或害怕以及教师因素是排行前三的影响因素。

（二）本研究的启示与建议

根据本研究对影响汉语学习者交际策略的因素以及各个因素类型强度随汉语学习者个人背景不同而产生的差异情况的统计分析，不同个人背景的学生在交际策略各个类型上都各有特点。因此，在对外汉语教学过程中，就必须关注不同学生使用交际策略的差异，适时改变教学方法，提高教学效率。

从汉语水平角度来说，初级汉语水平的学生，在遇到交际障碍时，可以多使用减缩策略，还可以使用母语或外语策略，或者使用肢体语言等非语言策略来表达见解；等到汉语水平提升后，可以向对方寻求帮助使用合作策略；等到汉语水平稍高一些时，则可以考虑多多使用目的语策略。

从动机角度来说，有的学习者好奇心十足，喜欢挑战，喜欢主动融入别人的交际圈，可以多使用合作策略和目的语策略；有的学习者更喜欢把汉语当成工具，如旅游、翻译、通过考试等，则可以多使用目的语策略和检索策略。

从会话对象角度来说，在与老师交流时，可以多使用合作策略，向老师询问，解除疑惑。在与同学交流时，可以多使用母语或外语策略。另外，在做自我介绍时，可以多使用"额，啊，怎么说呢"停顿检索策略，来保证会话得以进行下去。

总之，学生学习汉语的情况千差万别，在汉语交际过程中，汉语学习者可以多培养自身的汉语交际策略意识，适当地使用交际策略，将有助于提高学生的交际水平。

（三）本研究的不足

尽管笔者努力做了大量调查，但由于诸多现实因素的限制，本文不可避免存在许多缺点,调查结果也不一定尽如人意。第一,本文选取的样本容量不够大,研究对象不够全面,不具备汉语学习者的整体面貌和全部特色,所以调查结果难免有误差,其推广性也会受到限制;第二,影响汉语学习者交际策略的因素未能全部分析透彻,只是选取其中几个重要因素进行调查;再者,笔者的研究水平有限,对交际策略的研究不够全面。所以,存在许多缺憾,亟待今后的探索。

(四)今后研究的改进

需要加强改进实地调查的程序,考察的步骤要合理规范。尽可能完善访谈的内容,加强个案分析,增强调查可行性。今后继续跟踪调查学习者的汉语口语交际情况,全面收集其在多个时间跨度上的交际策略使用资料,并与本文研究结果进行多方面对比分析。另外,目前对外汉语界缺乏交际策略培训的研究,以及对交际策略使用效果和交际策略训练效果的评估研究,我们期待着这方面成果的出现。

注释:

[1]Corder P.Simple Codes and Source of the Second Language Learner's Initial Heuristic Hypothesis[J].Studies in Second Language Acquisitian,1977,1-10.

[2]Bialystok E.Communication Strategies[M]. Ox-ford:Blackwell,1990.

[3]Farech & Kasper. Strategies in Interlanguage Communication[M].London:Longman Pub Group,1983.

[4]Nunan D. Second Language Teaching and Learning[M].北京:外语教学与研究出版社,2001.

[5]Lafford BA.The Effect of the Context of Learning on the Use of Communication Strategies by Learners of Spanish as a Second Language [J].Studies in SLA,2004(26)201-225.

[6] Rubin J. Study of Cognitive Processes in Second Language Learning [J]. Applied Linguistics, 1987(2):117-131.

[7] Oxford RL & Nyikos M. Variables Affecting Choice of Language Learning Strategies by University Students [J].Modern Language Journal , 1989(2):.

[8] Ellis, R., The Study of Second Language Acquisitian [M]. Oxford: Oxford University Press, 1994.

[9] 文秋芳.英语学习策略论[M].上海:上海外语教育出版社,2000年.

[10] Rubin, J. Study of Cognitive Processes in Second Language Learning [J].Applied Linguistics .1981(2)117-131.

[11] Tarone E. Some Thoughts on the notion of Communication Strategy [J]. TESOL, 1981(15)285-295.

[12] Lafford, B.A.The Effect of the Context of Learning on the Use of Communication Strategies by Learners of Spanish as a Second Language [J].Studies in SLA, 2004(26)201-225.

[13] 张荔.交际策略研究及应用(英文版)[M].上海:上海交通大学出版社,2008年11月.

[14] Farech & Kasper. Strategies in Interlanguage Communication[M].London:Longman Pub Group, 1983.

[15] 戴曼纯.第二语言习得者的交际策略初探[J].外语界,1992,(3):8-12.

[16] 戴炜栋,束定芳.外语交际中的交际策略研究及其理论意义——外语教学理论研究之三[J].外国语(上海外国语大学学报),1994(6):27-31.

[17] 束定芳,庄智象.现代外语教学———理论、实践与方法[M].上海:上海外语教育出版社,1996.

[18] 陈思菁.A Study of Communication Strategies in Interlanguage Production by Chinese EFL Learners[J].Language Learning. 1990.

[19] 高海虹.交际策略能力研究报告——观念与运用[J].外语教学与研究,2000(1):53-58.

[20] 谭雪梅,张承平.非英语专业学生交际策略能力现状研究[J].国外外语教学,2002(3):11-14.

[21] 张荔,王同顺.交际策略问卷信度和效度的研究[J].外语研究,2005(1):47-50.

[22] 洪丽芬.马来西亚汉语学生与教师的交际策略探讨[A].第五届国际汉语教学讨论会论文集.北京大学出版社.1997年.

[23] 王若江.特殊目的汉语教学实践引发的思考[J].语言教学与研

究.2003(1):52-57.

[24]吴勇毅,海坷.留学生汉语口语交际策略研究[D].华东师范大学硕士研究生论文,2006年.

[25]梁云,史王鑫磊.新疆少数民族理科生汉语交际策略研究——以新疆师范大学理科实验班为例[J].新疆师范大学学报(哲学社会科学版),2010(4):97-101.

[26]秦晓晴.中国大学生外语学习动机研究[M].北京:高等教育出版社,2007年.

[27]Gardner R C.Social psychology and second language learning:the role of attitudes and motivation.[M].London:Eward Amold.1985:117.

第六章　交际策略与汉语口语教学

　　该章首先分析了埃及学生在汉语口语学习中存在的问题，接着针对此问题提出了在汉语教学过程中进行交际策略培训的必要性，提出最终应把"交际策略培训"纳入汉语教学，使其成为汉语教学的一个有机组成部分（即教语言的同时也传授语言交际的策略），这是第二语言教学的新趋势。最后围绕着交际策略培训具体探讨了汉语口语教学的新模式及相关问题。

　　语言教学的最终目的是培养学习者的语言交际能力。从某种程度上说，汉语口语教学较不同课型的教学而言其承担的任务更加艰巨。本章是针对埃及学生在口语学习中存在的问题，同时结合国际上一些较新的理念提出的个人粗浅的看法。

一、埃及学生在汉语口语学习中存在的问题

　　笔者在埃及从事汉语教学两年，已经给大学各年级教授过汉语，而且这期间一直没有中断汉语口语教学，联系本人在国内十几年面向少数民族的汉语教学经历，我认为，在汉语口语学习

中,埃及学生尤其是我校学生中也不乏成功的汉语学习者,但总体来讲,口语教学的效果还有待进一步提高,就笔者观察,现在存在的问题主要有以下这些:

1.有些学生发音不准,表达困难,讲话流利度明显不够,语言形式单一,重复过多,语间停顿时间过长,甚至会有冷场。有些学生甚至到了三四年级仍然张不开口。在笔者教学过程中,有的高年级学生一个学期都没有主动用汉语跟老师说过一句话,课堂提问时,有些学生甚至拒绝回答。

2.在表达中,有些学生过于关注形式和语法,重视准确性,却忽视流利性和交际性。他们常常会在表达中停下来纠正错误,结果往往是忘了下面该说什么。事实上,话语的流利性和准确性一直是衡量口语水平的两个重要标准。笔者认为无须片面地追求二者中的某一方面,程度应掌握在只要不妨碍交际的持续进行和交际双方的正确理解即可。

3.有些学生表达繁杂、混乱,缺少基本的表达策略,最典型的是绕圈子式表达法。结果因为发音不准,很难让人理解,说了半天仍然不知所云。

4.某些高年级学生表达单一,不懂得得体交际,只会随便语体,不懂书面语体和正式语体,模拟商务谈判时缺乏必要的语体意识。

针对以上问题,笔者认为在汉语口语教学中引入交际策略培训有望在一定程度上解决上述问题。

二、交际策略相关研究及策略培训的必要性

(一)交际策略相关研究

第二语言的交际能力要受到多种因素的影响。学习者对交际策略的使用也是影响交际能力的因素之一。交际策略指"某人完成特定交际目的中遇到困难无法解决时采用的潜意识计划"(Faerch & Kasper, 1983)。交际能力(communicative competence)这一概念首先是由美国社会语言学家Hymes于1967年提出来的,他强调对语言运用进行研究,提出运用语言能力包括四个方面的因素,即形式是否可能、实施手段是否可行、语境是否适宜以及语言在现实中的实施情况(Hymes, 1979:19)。

在Hymes的理论基础上,Canale&Swain(1980)提出了一个较为完善的交际能力理论模式,使交际能力理论在英语教学实践中具有了可行性。根据该模式,交际能力包括:①语法能力,即目的语的词汇、词法规则、句法、语义和音系知识,也就是Hymes所说的形式上的可能性和Chomsky所说的语法能力;②语篇能力或话语能力,即组句成篇的能力,包括话语结构的连接和一致性,以及不同言语活动的组织能力;③社会语言能力,也称社会文化能力,指目的语及其话语的社会文化规则的知识,这不仅涉及交际参与者的语用能力,而且还包括话题的选择、形式以及交际目的的预设等;④策略能力,指因语言资源或语言运用方面的缺陷引起交际中断后而采取的言语的和非言语的交际策略。

到目前为止,学界已经普遍认为,交际策略是交际能力的一部分,交际策略使用能力的提高直接有助于交际能力的提高,而

交际策略是可以训练和培养的。

交际策略的相关研究在国际上也是一个较新的研究课题。国外交际策略的相关研究始于20世纪70年代。"交际策略"这一术语1972年由Selinker首次提出。20世纪80年代研究非常兴盛，Canale和Swain(1980)提出了颇具影响力的交际能力模式，阐述了交际能力的4个重要组成部分，即语法能力、话语能力、社会语言学能力和策略能力，其中策略能力就是交际策略能力。1983年，Faerch和Kasper出版了关于交际策略的第一部专著——*Strategies in Interlanguage Communication*(《跨语言交际策略》)。

20世纪90年代，"交际策略研究在我国相对来说还是一个空白"(戴炜栋、束定芳，1994)。国内的研究开始于20世纪90年代以后，而且主要集中在外语教学界对英语学习者的交际策略的讨论上。有关汉语作为第二语言的交际策略的研究极少，国内的研究少而零散，才刚刚起步。现有研究大多是对交际策略的"描述性研究"，即实际上是对学习者交际过程的调查研究，是从"学"的角度看的，那么从"教"的角度看，又如何把这些描述性研究的成果反馈到教学实践中去，把那些有效的交际策略告诉学生，让他们根据自身的条件和所学语言的特点选择适当的策略，完成交际任务，这涉及到对学生交际策略的另一类研究——"介入性研究"，其重点就是"交际策略培训"。这方面的专门研究(比如如何对学生进行策略培训，学生接受了哪种学习策略的培训以后，其汉语水平和成绩有了怎样的提高等)，对外汉语教学界可以说是凤毛麟角。

(二)策略培训的必要性

交际策略的重要性体现在它能帮助学习者保证交际的持续

进行和交际渠道的畅通。二语学习者在交际中难免会碰到问题,这时如何避免陷入沉默或慌乱就显得尤为重要。

学习策略对第二语言学习者的积极作用已得到了许多人的认同。但对是否应该培养交际策略的问题,存在分歧。教学过程中笔者发现,有些教师只重视对语言内容和语言形式的训练,而误认为交际策略的训练只是暂时的"宽慰品",不能解决学生语言障碍的根本问题,有人认为学习者可以按照母语交际习惯自然形成二语策略能力,还有人认为过多地使用交际策略会抑制对目的语的习得。但是基于教学实践以及学生反馈,笔者认为在以学生为中心、以成功交际为目的的口语教学模式中,培养学习者交际策略能力是十分必要的。学生们在与老师的交流中也反映,口语表达碰到困难时经常会不知所措,因此,也很容易丢失信息。交际策略的培训增强了他们对不同交际情景的应变能力。

殷银芳、苗兴伟(2008)的研究也支持和验证了课堂交际策略教学的有效性假设,即课堂交际策略强化教学可以增加学生使用策略的频度,提高英语学习者填补停顿等策略的能力,对学生的口语流利度发展产生一定作用,直接的影响表现在停顿填补词上。策略教学作为其中一种变量对提高口语表达的流利性有间接作用,从而达到提高口语表达流利度和自然性的目的。研究结果还显示,流利度、准确性两参数与外语水平始终相关,但与其他策略参数无关。

三、策略培训相关问题

（一）目前国际上的策略培训方法

近年来国内外陆续推出了许多策略训练方法。Pearson & Dole(1987)两人提出了五步法：教师示范；引导学生练习；巩固；学生独立练习；在新的学习任务中运用所学策略。这与传统的3P法（presentation practice production）大相径庭；O'Malley&Chamot(1994)的模式有计划、监控、解决问题和评估四个步骤；Cohen(1998)建议的模式有五个步骤：示范说明、引出使用策略的例子、引导学生讨论策略、鼓励学生练习使用各种策略、为学生提供语境化的策略；Oxford(1990)等人的模式包括7个步骤：①让没有策略培训经历的学习者完成一项任务；②组织学习者讨论完成任务的过程并提出相关策略；③向学习者建议并示范其他有用的策略；④给学习者提供机会练习新策略；⑤给学习者示范策略如何应用于其他学习任务；⑥给学习者提供新的语言任务，让他们选择策略来完成这些任务；⑦帮助学习者评估使用策略的结果及取得的进步。

以上模式各有千秋，目前还没有一个公认的最佳方案。笔者认为Oxford等人的模式对交际策略培训有许多值得借鉴的地方。

（二）我们对策略培训的思考

1. 策略培训的目的

策略培训的目的并不是让学习者在交际中频繁使用策略。它的目的应该在于提高学习者在交际出现困难时使用策略的能力，以及帮助学习者决定在何种情况下应该使用策略。有证据表明:每个学习者都能够运用交际策略,而且他们很频繁地使用交际策略,但是他们不能自发地使用合适的交际策略。

孟冬(2005)研究也表明,交际策略使用频率与外语水平之间的关系是:高水平组比低水平组使用的交际策略要少,这或许是由以下几个因素造成的:首先,运用交际策略是为了弥补语言能力的不足。外语水平较高的学生比外语水平低的学生更具有语言优势,因此,他们并不需要借助于很多交际策略来帮助他们完成交流,所以运用的交际策略较少。其次,外语水平较高的学生通常能够较为准确地意识到他们在交际中遇到的问题,因此,他们能够选择合适并且有效的交际策略。

换言之,策略培训不是为单纯的"使用策略"而培训,而是通过提高学生策略使用的准确性和有效性,达到最终提高交际能力的目的。

2. 策略培训从何处着手

可采用问卷调查和访谈的方法,研究学生的交际策略观念(对交际策略的认同程度)和使用频率,以及影响他们认识和使用交际策略的主要因素,并就策略观念与使用频率的相关性进行探讨。重点测量两大类交际策略即减缩策略(具体包括:①形式减缩:音位减缩、词法减缩、句法减缩、词汇减缩;②功能减缩:行为减缩、情态减缩、命题内容减缩)和求成策略(具体包括:①非合作策略:语码转换、直译、外语化、迁移、替代、转述、造词、重组等;②合作策略:直接求助、间接求助、非语言手段等;③检索策略:等待语汇出现、求助形式类似词、语义场检索、其他语种检索、学习语境检索、感官途径等)中学生更多地使用何种策略,不同语言程度的学生对这一策略的认同程度及它和使用频率的关系。通过这种调查,可以了解学生的交际策略观念和使用现状,从而发现问题。

3. 策略培训的针对性

策略培训方案应根据学生的实际情况制定,要有较强的针对性。比如前面提到,埃及学生在汉语表达时,有些学生表达繁杂、混乱,喜欢使用绕圈子式表达法。这时我们不妨强调"开门见山"式交际策略的重要性。尤其是汉语水平还不太高的低年级学生,可以鼓励他用较为简明的句子简短地表达自己的意思。当他用此种表达法在实际交际中获得了若干次成功,他就会自然地提高汉语表达的自信心和自觉感,从而形成汉语学习和实践的良性循环。

再如,某些高年级学生表达方式单一,不懂得得体交际,只会随便语体,不懂书面语体和正式语体。这时就不妨强调书面语体的重要性。在教学中可以有意设计同一说法的不同语体的表达方法,从而提高学生的语体意识。

4. 策略培训模式及方法

策略训练可以通过以下方式来进行:设立交际场景,向学生展示使用何种交际策略来完成交际;将学生置身于真实的交际活动中,教师可以设立一些超出学生语言水平的交际任务,鼓励他们运用交际策略解决交际问题。当外语学习者在交流中不具备充分的目标语知识时,掌握一些有效地使用交际策略的知识尤为重要,因为使用交际策略可以帮助他们达到交际目标。

在培训交际策略时,教师需要设计一些能够引导学生使用交际策略的活动。例如,在做任务型活动时(task-based),可以让学生面临一些超出他们现有语言知识水平的任务,或在学习者之间造成一些信息沟(information gap)。这样学生才会有使用交际策略的需求。有人曾在课堂上组织过一项描述性活动:课前准备一些画有各种物体的图片,学生两人一组,学生A通过描述、说明等方法让学生B猜出物体的名称。这样的活动可以充分利用转述策略。如果学习者在交际中碰到不会表达的词汇或者概念时能因地制宜地运用上述策略,很多问题就可以迎刃而解了。另外,也可以根据一组图片用汉语讲述故事,比如,笔者曾选择《父与子》漫画故事作为三四年级学生汉语口语考试的题目。学生普遍表现出了对这一漫画故事的浓厚兴趣。

关于策略培训的具体方法,孔京京(2004)、林意新、李雪(2009)等也都曾经做过一些有益探讨。

Paribakht(1985)、Faerch & Kasper(1983)提出:语言学习和语言使用不仅包括相关的语言知识,而且还包括相关的语言能力;语言教学不仅包括传递新知识,而且还要帮助语言学习者意识到他们的言语行为。如果我们对各种交际策略加以分析归类并验证其有效性,通过策略培训的方式提供给学生,让他们根据自己的特点加以选择,同时提高学生的策略意识,帮助他们在交际过程中不断地对自己的交际行为进行监控、评估和纠正,必将大大提高交际效率。我们的研究就是最终要把"交际策略培训"纳入汉语教学,使其成为汉语教学的一个有机组成部分(即教语言的同时也传授语言交际的策略),这是第二语言教学的新趋势。

以下是交际策略培训的几种有效策略〔转引自郭放(2002)、文秋芳的观点〕:

(1)积极回应对方

当我们正在和其他人说话的时候,我们应该给对方的谈话内容作出积极响应,也就是说,我们应该使用一些停顿词,答语和感叹词表明我们的感受和意见。举例来说,可以用"是的"

"好""嗯""好有趣"表明赞许、同意、附和等；用"我的天""真的"
"好奇怪"表示惊奇或难以理解；用"请原谅？""你说什么？"请求
对方重复；用"你的意思是……？""因此你正在说……？""如果我
已经正确地了解，……"等确认自己是否理解对方的意图。有效
的反应，不仅使交谈显得十分自然，而且能使交谈双方得到
沟通。

（2）适当使用补白词

说话人为了延长思考时间，在话语中插入例如"嗯""这个"
"就是说"等口头语。许多很简单的对话中都带有补白词，如
"嗯""对""你知道""你看"。初学者最感到尴尬的莫过于在暂时
无话可说的时候所面对的沉默，有些人的滔滔不绝也是为了避
免这种沉默。这时，如果使用一两个补白词，效果就会大不一
样。当然，过多的补白会让人感到说话人缺乏自信。

（3）迂回策略

迂回，就是拐弯抹角想方设法把想要说的意思表达出来，因
为说话人找不到恰当词语，不知道如何表达，或想不起某个句型
而采取的灵活应对的手段。它有以下几种方式：①释义。当你
不知道汉语中相对应的词语，可以用一句话来解释同样的意思，
如"我们看见他们走出——你放车的房间"。说话人想不起来
"车库"这个词，便用一句话来描述；②使用近义词。

（4）回避策略

会话中我们因对词语或结构不熟悉而改用更简单的词语或
结构。比如，有的学习者对关系从句的使用把握不好，就可能回
避使用它，而改用两个简单句。他不说"那是我住的楼房"，而说
"那是我的楼房，我住在那儿"。这种由于对个别词句把握不大，
为了避免错误或误解而采取的回避性策略，被称为"被动性回避

策略"。还有一种主动性回避策略,即在交际时担心对方听不懂而有意使用简单句或简单的词。

（5）求助策略

当自己无法表达而又非说不可时,还可以向对方求助。这是一个较积极的手段,但往往有一个前提,即对方是操本族语者或汉语水平比自己高的人。向操本族语者求助,可以用实物、图画、手势、提问等方式。向汉语水平比自己高的本国人求助,则可直接用母语。

（6）形体语言

成功的口头交际者善于借助形体语言传递感情,表明态度,弥补语言使用上的不足。这些形体语言包括:微笑,开放式的站立姿势,身体微微前倾,接触,目光交流,点头。把这几个方面的首字母连结起来,就是 Gabor 归纳的 S－O－F－T－E－N 技巧。

因此,在二语习得的过程中,为了使交际顺利进行,使用以上交际策略是非常有必要的。对交际策略的研究不仅为广大二语习得者提供了正确可行的交往手段,而且为广大对外汉语教师指明了教授对外汉语的途径,即不仅要传授语言知识,而且要引导学生走上准确流利的交际之路。

附录1

学习动机对汉语交际策略的影响研究
——以新疆大学留学生为例

【摘要】本文对157名新疆大学留学生(有效人数为120人)汉语交际策略的使用情况和汉语学习动机的分布情况进行了调查,并分析比较了学习动机及其各维度对交际策略使用的影响程度。研究发现:融入型动机和工具型动机都与交际策略的使用存在非常密切的关系,但对交际策略的影响程度各有不同,融入型动机的激发能更好地促进学习者对汉语的学习;动机行为各维度中,持续性、主动性、用功程度对交际策略的影响较大,注意力对交际策略的影响相对小一些;交际策略培训在汉语教学中的缺失可能导致单纯用功的学生成为死读书的低效率学习者。

关键词:学习动机;交际策略;融入型动机;工具型动机

第二语言学习中的交际策略和学习动机的研究一直都是语言教学研究的一个至关重要的方面,但是探讨二者之间相关性的研究,尤其是以中亚留学生为调查对象的研究较为少见。本文旨在探讨汉语学习者的学习动机对其交际策略使用的影响,尤其是动机行为各维度对交际策略使用的影响。

一、交际策略和学习动机

1.1 交际策略的定义

在参考相关研究成果的基础上,笔者认为,交际策略最为精简、准确的概念是"某人完成特定交际目的的过程中遇到困难无法解决时采用的潜意识计划"(Færch & Kasper,1983)。这也是本文中"交际策略"的含义。在口语交际中,当交际者的对话陷入僵局时,交际策略的使用将起到重要作用,有助于交际者顺利完成交际任务,提高交际水平。

1.2 交际策略的分类

本文主要以Færch & Kasper(1983)对交际策略的分类为依据。Færch & Kasper(1983)运用心理语言学方法来研究,将交际策略分为两种:一是减缩策略(消极策略),即逃避问题,包括对交际目标的放弃;二是成就策略(积极策略),是学习者为达到交际目的而采用的补救措施。这种分类是目前使用最为广泛的分类方法,其交际策略项目内容大纲详见表2。

1.3 影响交际策略使用的因素

影响交际策略使用的因素很多。从整体来看,影响交际策略的因素可以归为两大类:学习者个体因素和环境因素。学习者个体因素包括年龄、性别、母语背景、学习能力、学习动机、性格、语言程度、心理状态(焦虑或害怕)、态度等;环境因素包括教师因素、学习条件、会话对象、任务类型等。当然,影响交际策略使用的因素并不是单一的、孤立的,而是由多种因素共同作用的。

本文只讨论个体因素中的学习动机对交际策略使用的影响。

1.4 学习动机

学习动机是指引发与维持学生的学习行为并使之指向一定学业目标的一种动力倾向。加拿大著名心理学家和应用语言学家 Lambert 1974 年从社会语言学的角度出发将外语学习的动机分为"融入型动机"(integrative motivation)和"工具型动机"(Instrumental motivation)两种。带着"融入型动机"的学习者希望自己能融入第二语言的文化中,表现出一种"对于该种语言下的文化和人民的真诚的个人兴趣";带着"工具型动机"的学习者希望通过利用第二语言达到自己的目标,侧重"学习一门新的语言的实际价值和好处"。(转引自 Gardner,1985:117)

二、研究设计

2.1 研究目的

本文研究学习动机对交际策略的实际影响,试图说明:

(1)融入型动机和工具型动机到底是如何影响交际策略的使用的?

(2)动机行为的四个维度(包括注意力、持续性、主动性和用功程度)是如何影响交际策略的使用的?

2.2 调查对象

本次调查所选择的调查对象是在新疆大学学习汉语的留学生,包括本科生、硕士研究生以及博士研究生。笔者对新疆大学国际文化交流学院和人文学院的留学生发放问卷157份，回收139份，其中有效问卷120份。为防止留学生在调查过程中出现阅读理解障碍，我们把问卷中的生词、难词全部翻译成了俄语。

这120名留学生大多已学习汉语2~4年，其中85%（102名）的学生来自中亚及俄罗斯。120名留学生中女生占55%，男生占45%。他们的年龄从17~30岁不等，其中21~25岁的留学生约占56%。

2.3　研究方法

本文主要使用了问卷调查法，同时辅以个人访谈法和观察法来收集自然会话的语料，据此综合考察交际策略的总体使用情况和学习动机对交际策略使用的影响程度。

对于交际策略的总体使用情况，本文使用"汉语交际策略问卷"进行调查，问卷的设计主要参考了Gardner（1985），同时结合留学生的具体情况对某些题目进行了适当合并。该调查问卷共分两个部分：第一部分是个人基本信息；第二部分是学生交际策略使用情况的调查，内容为汉语交际策略测试题，共包括六种策略（五种成就策略再加上一种减缩策略）23道题。例如，关于减缩策略的测试题包括：

（1）说汉语时，如果我不知道适当的表达方式，我会放弃谈话，比如我会说："算了，算了。"

（2）如果我正在说话，一时不知道该怎么用汉语说，我会只说一两个关键词来提示对方让他明白，而不用一个完整的句子。

（3）在交谈中我会放弃前一个较难话题而转向另一个简单话题。

对于学习动机对交际策略使用的影响程度，本文使用"二语学习动机问卷"进行调查,主要参考了秦晓晴(2007)的二语学习动机问卷。该调查问卷共分两个部分:第一部分是笔者对汉语学习者的学习动机类型进行的测试,对于融入型动机和工具型动机各设置了5个项目,共有10道题,例如,"我学汉语是因为想与中国人更好、更多地交流,想跟中国人交朋友""我学汉语是想找中国男/女朋友,或者丈夫/妻子,最终移民到中国";第二部分是对学生的学习动机行为各维度的调查,共包括4个方面16道题,例如,"我学汉语时注意力比较集中""我不能按时完成老师布置的汉语作业"等。

以上两部分问卷都采用了心理学家李克特5点量表法进行测试,每道题有5个选项,即数字1、2、3、4、5,分别代表"从不这样做""很少这样做""有时这样做""经常这样做""总是这样做"或"坚决不同意""不同意""不确定""同意""坚决同意",每道题都要求单选,以表示对该问题的认可程度。

笔者在正式调查前做了小范围的试调查。为保证问卷结果的科学性,笔者请任课教师帮忙在课堂上发放问卷并当堂回收,当场对留学生感到困惑的地方进行了解释。

三、研究结果与分析

我们对交际策略总体使用情况和学习动机对交际策略使用的影响程度两种问卷的调查结果如下。

3.1 交际策略总体使用情况分析

按照Færch & Kasper(1983)从心理学角度对交际策略的分类标准,依据Oxford & Nyikos(1989)的解释,笔者运用SPSS 19.0对问卷的信度进行了检验,结果如表1所示:

表1 交际策略量表的信度(N=120)

项目	克隆巴赫 α系数	项目	克隆巴赫 α系数	项目	克隆巴赫 α系数
问卷总体 情况	0.897	减缩策略	0.805	成就策略	0.862

　　从表1中的克隆巴赫α系数来看,问卷总体情况和两类交际策略均在0.8以上,说明该问卷具有良好的信度。克隆巴赫α系数的值通常在0~1之间,若该系数超过0.6,一般认为量表具有相当高的信度,可靠性较强。

　　表2是交际策略项目内容大纲及通过问卷调查法得到的120名被试交际策略使用的总体情况:

表2 交际策略项目内容大纲及总体使用情况表

交际策略		项目内容大纲	对策略的评价	平均值 (M)	标准差 (SD)
减缩策略		回避话题;个别词代替整句;转换话题;答非所问	初、中级策略	3.110	0.280
成就策略	合作策略	直接询问/让对方重复;间接求助——查字典	中、高级策略	3.588	0.826
	母语或外语策略	说母语;直译;说对方的母语;语码转换	初级策略	2.593	0.448
	目的语策略	释义(迂回转述);举例子;用近义词或容易的词替换;生造词;重组;书面语代替口语	高级策略	3.234	0.556
	非语言策略	肢体语言	初级策略	2.695	0.775
	检索策略	停顿或套语;猜测	初、中级策略	2.961	0.806

注:学界对策略的评价基于某一策略主要由何种程度的汉语学习者使用。由于初级汉语阶段学习者使用如"母语或外语策略"更多,故评价其为初级策略;由于高级汉语阶段学习者使用"目的语策略"更多,故评价其为高级策略。

　　由表2可知,汉语学习者使用最多的是合作策略这一中、高级策略,对减缩策略和检索策略这两种初、中级策略的使用频率居中,使用最少的是母语或外语策略这一初级策略。这表明新疆大学留学生对汉语沟通 技巧高度重视,也对交际策略的运用给予了很大的关注。

尽管汉语学习者交际策略的使用频率总体较高,各类型交际策略的使用频率的平均值(M)都达到了2.5以上,但是从标准差(SD)方面来看,合作策略(0.826)和检索策略(0.806)的内部具有较大的离散性,即学习者在这些策略内部的使用上具有较大的差异,呈现两极分化的趋势。

3.2 学习动机各项目使用情况分析

笔者对新疆大学157名留学生(有效人数为120人)的融入型动机和工具型动机进行了问卷调查,这些汉语学习者在各个项目上的强度差异和每一个动机项目的具体使用频率如表3所示:

表3 学习动机项目内容大纲及总体使用情况表

动机类型	项目内容大纲	平均值(M)	标准差(SD)	两类动机平均值
融入型动机	与中国人交流	3.483	0.907	3.228
	与中国人生活	3.500	0.979	
	了解中国文化	3.525	0.952	
	融入中国社会	2.267	1.158	
	了解中国人的思维方式	3.367	1.020	
工具型动机	旅游	3.442	0.933	3.498
	找工作	3.667	0.947	
	查阅	3.658	0.930	
	看电影,听歌曲	3.683	0.898	
	通过考试	3.042	1.033	

表3中融入型动机的5项内容说明,汉语学习者希望与中国人交流,想要了解中国文化和中国人的生活方式,并乐意成为其

中一员。工具型动机的5项内容说明,汉语学习者把汉语当成工具,如旅游工具、找工作工具、查阅工具、娱乐工具、学业工具等,学习汉语是为了实际的价值与好处。

从表3可知,汉语学习者具有强烈的工具型动机(3.498)和融入型动机(3.228),而且汉语学习者工具型动机的平均值高于融入型动机。究其原因,汉语学习者把汉语当作工具,如为了看电影、看杂志、听歌曲、旅游、找工作等,日常生活中汉语的用处无处不在,所以他们的工具型动机非常强烈。汉语学习者想跟中国人交朋友,愿意与中国人一同生活,渴望融入中国社会,所以他们的融入型动机也很强烈。

3.3 学习动机对汉语交际策略的影响

3.3.1 各动机类型与交际策略的相关性分析

为了调查汉语学习者各动机类型对交际策略的影响情况如何,笔者进一步做了两者之间的Pearson相关性分析①,结果如表4所示:

表4 动机类型与交际策略的Pearson相关系数表

动机类型	交际策略					
	减缩策略	成就策略				
		合作策略	母语或外语策略	目的语策略	非语言策略	检索策略
融入型动机	0.305**	0.184*	0.053	0.268**	0.139*	0.018
工具型动机	−0.291**	−0.030	−0.087	−0.255**	−0.142*	−0.022

注:1. ** 表示在0.01水平上显著相关(双尾检测),* 表示在0.05水平上显著相关(双尾检测),下同。

---

① Pearson相关性分析:Pearsoncorrelationanalysis,分析两个变量之间的相关关系,相关系数的绝对值越大,相关度越强(本文采用SPSS19.0进行统计分析)。

讨论各动机类型与交际策略的相关性的主要目的是掌握二者匹配的规律,从而可以更有针对性地指导教学实践,尤其是可以提高学习者对积极策略的使用能力。由此,消极策略内部并无区别的意义,因此本文"减缩策略"内部未再细分。

从表4可以看出,学习动机和交际策略之间关系紧密,学习者的学习动机不一样,所使用的交际策略就不一样。融入型动机同四种策略的使用相关:它同减缩策略及目的语策略在0.01水平上显著相关,数值为正,数值在0.1~0.4,为正向弱相关;它同合作策略及非语言策略在0.05水平上显著相关,数值为正,数值在0.1~0.4,也为正向弱相关。工具型动机同三种策略的使用相关:它同减缩策略和目的语策略在0.01水平上显著相关,是负向弱相关;它与非语言策略在0.05水平上呈显著负向弱相关。也就是说,融入型动机越强,使用减缩策略、合作策略、目的语策略和非语言策略越多;而工具型动机越强,使用减缩策略、目的语策略和非语言策略越少。

综上,我们的调查有两个发现:第一,同工具型动机强的学习者相比较,融入型动机强的学习者会更频繁地使用交际策略。这与后者对汉语本身有着浓厚的兴趣、希望融入汉语社会有密切关系,他们表现出更强的主动性,更愿意使用各种策略来进行学习;第二,两种学习动机对汉语学习者交际策略的选取具有一定的影响,特别是减缩策略、合作策略、目的语策略和非语言策略,但在学习者对母语或外语策略、检索策略的选取上没有统计学上的影响。使用母语或外语策略以及检索策略,即借助母语(或外语)进行交际或通过交际中的停顿来争取时间,这是交际者在语言学习和交际的初级阶段的自然之选,也是无奈之选,所以与语言交际者是否具有强烈的学习动机没有直接相关性。

3.3.2　动机行为各维度对交际策略的影响分析

以上笔者做了动机类型与交际策略的相关性分析,可以说动机与交际策略的使用密切相关。但动机毕竟是抽象的,它到底有什么样的具体表现? 它对交际策略的影响又是怎样的呢?

简单地说,动机行为各维度是动机行为的普遍表现形式,具体可划分为"注意力""持续性""主动性""用功程度"4个方面(秦晓晴,2007)。一般说来,动机行为维度并不与动机类型直接相关,即上文提到的融入型动机和工具型动机并非分别对应动机行为各维度,而是两种动机同时具化为4个方面,任何一种动机的强烈与否都能从这4个方面表现出来。

为了分析动机行为各维度与交际策略之间的相关性,笔者将两者做了Pearson相关性分析,所得结果如表5:

表5　动机行为各维度与交际策略的Pearson相关系数表

动机行为	交际策略					
	减缩策略	成就策略				
		合作策略	母语或外语策略	目的语策略	非语言策略	检索策略
注意力	−0.294**	0.120	0.095	−0.106	0.092	0.101
持续性	−0.022	0.221*	−0.062	0.230*	0.171	0.016
主动性	−0.141	0.140	−0.054	0.180*	0.011	−0.239*
用功程度	0.077	0.159	0.229*	−0.047	0.280**	0.113

由表5可见,对于汉语学习者来说,在影响交际策略的各种动机行为因素中,持续性、主动性、用功程度对交际策略的影响较大,均有2个Pearson相关系数呈显著相关;注意力对交际策略的影响相对较小,只有1个Pearson相关系数呈显著相关。这一研究结果可能与我们平时的主观感觉存在一定差异。

汉语学习者能坚持学习汉语、坚持做汉语功课的这种持续性动机行为对汉语学习有极大的促进作用。同时,与其他交际策略相比,这类汉语学习者会更多地运用合作策略和目的语策略。

汉语学习者会主动练习汉语、主动检查汉语学习效果的主动性动机行为对汉语学习者来说也很重要。主动性高的汉语学习者会自觉运用目的语策略,更加积极而直接地探知上下文意思,寻求解答;同时,主动性越高的汉语学习者检索策略用得越少,因为他们在长期的主动学习中一般已达到超出同伴的水平,无须再频繁使用停顿或套语来赢得时间,也无须通过语境猜测上下文意思。换言之,一个汉语学习者一旦习惯于使用目的语策略,就不屑于使用检索策略了。

汉语学习者自己努力学习、多下功夫钻研汉语、多思考、多揣摩的这种用功程度动机行为也是交际策略的重要影响因素之一。这类汉语学习者喜欢一边说汉语一边说母语或其他外语,母语或外语策略运用得较多,也会用多种手势语等非语言策略。当然,汉语学习者平时的注意力不集中,学习汉语时分心走神、容易想入非非等消极状态也会在一定程度上影响学习效率。正因如此,注意力容易分散的汉语学习者难免会使用更多的减缩策略。但是,正如我们的研究结果所呈现的那样,与持续性、主动性、用功程度等动机行为各维度比较起来,注意力对交际策略虽然也有一定影响,但影响相对较小。

该研究成果与以往的汉语教学观点有所不同,这一发现对于汉语作为第二语言的教学有很好的引导作用。以往,相对于学生的课后自学,我们更看重学生的课堂表现。所有的中国老师都希望学生在课堂上一直专心致志地跟着老师走。这种专心程度似乎也成了衡量学生学习优劣的最重要的标准。但是我们的研究结果表明,专心程度既不是唯一标准,也不是最重要的标准,因为学生的持续性、主动性、用功程度才是影响学生交际策略使用的最重要的标准,而交际策略的使用类型和频率直接影响学生的学习效果。因此,今后我们是否可以更多地引导留学生在学习上坚持不懈,而不要过于纠结他在课堂上的实际表现?毕竟,相对于国内学生来讲,留学生有着不同的文化和教育背景,用与国内学生相同的标准要求他们是不科学的,也是不可行的。

此外,该研究成果提示我们,在语言教学中,交际策略培训也是很重要的。我们研究发现,用功程度高的学生倾向于使用母语或外语策略、非语言策略;而学界一致认为,这些都是初级策略。这一发现同我们平时的观察一致,每个班里总会存在一些学习非常用功但学习效果并不理想的学生。平时我们会感觉到这类学生学习方法不够灵活,但具体是怎么回事却无法说清楚。本文的调查结果显示,单纯用功的汉语学习者在交际过程中总是喜欢使用比较单一的初级交际策略,而不懂得将交际策略进行升级换代,长此以往,他们很可能会变成事倍功半的低效率学习者。因此,在传统的常规语言教学之外,对汉语学习者进行必要的交际策略培训也是亟待解决的新课题。

四、结语

通过对新疆大学157名留学生(有效人数为120人)进行调查研究,笔者发现:

(1)融入型动机和工具型动机对交际策略的使用都有一定的影响,其中,融入型动机强的学习者会更频繁地使用交际策略。因此,融入型动机的激发能更好地促进交际策略的使用,进而促进学习者对汉语的学习。

(2)在影响交际策略的动机行为各维度中,持续性、主动性、用功程度对交际策略的影响均较大,注意力的影响则相对小一些。这对于汉语教学是很有意义的发现。在语言学习中,毅力和恒心是比专注度更重要的因素。学习者动机的类型是不大容易改变的,但是影响交际策略的动机行为各维度是可以引导的。这一发现与以往的教学理念有所不同,在汉语作为第二语言的教学中可以起到很好的引导作用。

(3)在第二语言教学中,除了常规教学,交际策略培训也是很重要的。如果没有必要的培训和引导,单纯用功的学生很可能会成为死读书的低效率学习者。

本文也存在一些问题:本文选取的样本容量不够大,研究对象只局限在新疆大学一所院校,研究对象不具备汉语学习者的整体面貌和全部特色,研究结果的可推广性也会受到限制;本文关注了学习动机同交际策略的相关性,但未能关注学习动机、交际策略同学习效果的相关性,不能不说是一个遗憾;语言学习者的学习动机并不是一成不变的,融入型动机和工具型动机之间也存在转化的可能性,但二者的转化机制到底是怎样的,也需要进一步研究。交际策略培训的必要性学界已基本认识到,但目前对外汉语教学界仍缺乏交际策略培训方面的研究,尤其是交际策略培训效果的实证研究,我们期待着这方面成果的出现。

参考文献：

[1]秦晓晴.中国大学生外语学习动机研究[M].北京:高等教育出版社,2007.

[2]BIALYSTOK E. Communication Strategies [M]. Oxford: Blackwell, 1990.

[3]FÆRCH C, KASPER G. Strategies in Interlanguage Communication [M]. London: Longman Pub Group, 1983.

[4]GARDNER R C. Social Psychology and Second Language Learning: The Role of Attitudes and Motivation [M]. London: Edward Arnold, 1985.

[5]OXFORD R L, NYIKOS M. Variables affecting choice of language learning strategies by university students [J]. The Modern Language Journal, 1989 (3): 291-300.

[6]Influences of Learning Motivation on Chinese Language Communication Strategies—A Case Study of International Students in Xinjiang University

附录
1

埃及汉语教学的发展历程及制约因素分析

【摘要】埃及汉语教学历史悠久,近十年来发展迅猛,取得了很大成绩。目前埃及汉语教学依然保持着良好的发展势头,但在汉语教学资源整合、课程设置、教学理念和方法更新、教材开发以及与语言教学相辅相成的汉语文化推广等方面还存在诸多问题。整合优化现有教学资源,加大孔院投入,完善奖学金制度,加强对埃及学者汉学研究的扶持力度,营造有利于汉语教学和中国文化推广的浓厚氛围,并创新其模式,这是埃及汉语教育事业发展的必由之路。

关键词:埃及;汉语教学;发展历程;制约因素

埃及是中东第一人口大国。中埃建交以后,中国政府在努力推进中埃政治经济关系发展的同时,也十分重视中埃文化交流,积极帮助埃及政府培养能说汉语、熟悉中国文化的专门人才。从开设汉语课程(1956年)和设立汉语专业(1958年)的时间来看,埃及可谓阿拉伯国家和整个非洲汉语教学的先驱。20世纪50年代以来,汉语教学在埃及得到推广。近年来,特别是2000年中非合作论坛成立以来,"汉语热"在埃及迅速升温,但与快速发展的中埃政治经济关系相比,埃及汉语教学与汉语推广尚处于初始阶段,目前还存在诸多问题。全面回顾埃及汉语教育的发展历程,客观分析当前面临的诸多障碍及制约因素,在此基础上,探索切实可行的改进措施和办法,才能更有利于埃及汉语教育的可持续发展。

一、埃及汉语教学的发展历程

埃及的汉语教学始于 20 世纪 50 年代。1954 年,按照中国与埃及政府签订的文化协定,中国向埃及开罗大学派出了第一名汉语教师,从而揭开了当代非洲国家汉语教学的序幕。1956年,中国和埃及建立外交关系。同年,开罗高等语言学校开设了中文班,并于 1958 年正式设立中文专业。1973 年开罗高等语言学校并入艾因·夏姆斯大学后,汉语成为该校的本科专业之一。[①]1977 年,埃及艾因·夏姆斯大学语言学院设立中文系,1981 年首批学生毕业,成为埃及的首批本土汉语教师,与来自中国的汉语教师一起承担汉语教学任务。

1989 年 12 月,中国政府派出一个专门的教育代表团,先后对毛里求斯、埃及和毛里塔尼亚三国的汉语教学进行了考察。期间中国政府代表团与埃及教育部门就促进埃及汉语教育发展达成一致意见:中国向埃及增派汉语教师,增加奖学金名额,赠送汉语教材和中文图书,并赠送一套语言实验室设备。这些举措有力地促进了埃及的汉语教学和研究。

截至目前,埃及有艾因·夏姆斯大学、爱资哈尔大学、开罗大学、苏伊士运河大学、埃及科技大学、明尼亚大学、法鲁斯大学、开罗高等语言翻译学院等八所高校先后开设了中文系,在校学生近 3 000 人。其中开罗大学中文系具有硕士教学资格,艾因·

---

① 数据来源于中国驻埃及使馆教育处。

夏姆斯大学具有汉学博士学位授予权,后者同时也拥有埃及最雄厚的本土汉语师资力量。

从区域看,埃及已成为非洲和中东地区汉语教学历史最悠久、规模最大、教学层次最完善、颁发学历最高的国家之一。埃及的许多本土汉语教师不仅在埃及开展汉语教学,还经常穿梭于其他的阿拉伯国家,与其汉语教学界有着千丝万缕的联系。艾因·夏姆斯大学中文系、开罗大学中文系正在成为中东地区重要的汉语教学中心和基地,发挥着重要的辐射作用。

近年来,在政治和经济交往的推动下,汉语在埃及人民中的需求度不断增大,各类汉语教育机构呈蓬勃发展之势。埃及汉语教育的主要承担者除了以埃及政府办学为主体的大学之外,还增加了以中国政府机构办学为主体的中文学校(主要是中国文化中心)及以中国政府和埃及大学联合办学为主体的孔子学院。

2002年,开罗中国文化中心成立,这是中国在中东地区和阿拉伯世界建立的第一个文化中心。2007年和2008年,开罗大学孔子学院、苏伊士运河大学孔子学院先后挂牌成立。文化中心和孔子学院以满足埃及民众学习汉语的实际需求、推广和弘扬中国文化为宗旨,有计划有针对性地面向各界人士开设各类汉语课程,还开展了丰富多彩的中国文化宣传和中埃文化交流活动,不仅加深了埃及人民对中国及其文化的了解和两国人民的友谊,而且营造了汉语学习的浓厚氛围,促进了汉语教学在埃及的发展。

据光明网2012年报道,"埃及中国文化中心开设10年来,已开办3个月一期的普通汉语培训班26期,开办导游汉语、商务汉语、中文电脑、汉字书法等专题培训班8期,培训学员5 400多人次,为汉语在埃及的推广做出了重要的贡献。武术班已招生16期,一年一度的'大使杯汉语歌曲比赛'和'大使杯说汉语讲故事比赛'已分别举办了8届和7届。"

而国家汉办与埃及开罗大学(简称开大)和苏伊士运河大学(简称苏大)合建的两所孔子学院,更是顺应了当地急需汉语人才的要求,使更多埃及民众得到汉语培训的机会。据孔子学院中方院长提供的数据,开大孔子学院每学期大概招收260人,2011—2012年一年的在校生近400人,苏大孔子学院每年学员在200～700人不等,并逐年增长,至2013年5月,5年注册学员2400余人。

随着"汉语热"的持续升温,埃及汉语教学正逐渐从高等教育向中等教育和基础教育延伸。埃及教育部近年已下发文件,决定把汉语作为中学的第二外语(杜芳,2008)。另据2011年10月11日国际在线报道,由中国援建的埃中友好示范学校已于2008年9月交付使用,该学校集学前班、小学、中学于一体,可容纳42个班级约1 500名学生。这座援建的学校不仅是埃及、也是中东地区乃至整个非洲大陆的第一所中文学校。该校可以培养一代会讲中文、了解中国文化、理解中国社会的埃及孩子,他们将会更好地服务埃及与中国的政治、经济交往。此外,埃及的一些私立学校也开始开设中文课程,比如开罗的纳尔曼伊斯玛尔学校,选修中文的学生不仅有一到三年级的小学生,更有幼儿园的儿童。

特别值得一提的是,埃及的汉语教学也开始从传统面授走向了电视教学。据新华网报道,截至2012年11月,虽然埃及约有60所大学开设了中文课程,有两所孔子学院,但仍不能满足埃及人学习汉语的需求。埃及首套中国汉语教育节目的开播就是在此形势下应运而生的。该节目已从2012年11月21日开始通过尼罗河电视台教育频道正式向中东地区播送。每周播出四次,每次30分钟。埃及目前有5万~10万户家庭能够收看这套通过卫星电视频道播送的汉语教学节目。在中东地区国家收看的家庭预计将高达100万~200万个。尼罗河电视台汉语教学节目的开播是双边文化交流的最新成果,将使汉语教学进入更多的埃及家庭,进而推动两国友好关系的发展。

二、埃及汉语教学发展的制约因素

2.1 从组织和管理层面上看,埃及高校汉语教学资源缺乏整合,各自为政

在这方面,艾因·夏姆斯大学(简称艾大)同开罗大学(简称开大)堪称典型。艾大作为埃及最老牌的汉语专业高校,拥有最强的本土汉语教学师资和最多的学生。现在,艾大语言学院中文系有从本科、硕士到博士各个层次的在校学生1 000多人,而开大学生仅有100人,详情见后页表1。

开大作为新兴的汉语专业高校,尤其是同时开办了孔子学院,则拥有最雄厚的资金、最先进的教学条件及潜在的各种机遇。但是,两校之间内在的竞争很多,合作却很少。例如,开大拥有自己的孔子学院,而汉语专业历史最悠久、学生人数又最多的艾大却没有,艾大好学的学生不得不从艾大乘车一个多小时到孔院参加培训,多数学生则根本不去,而在申请各类奖学金时,同等条件下开大本校的学生往往被优先考虑,这极大地挫伤了占据埃及汉语学习者主体的艾大学生学习汉语的积极性,也极大地影响了开大孔院的招生规模。

再如,2012年3月开大及其孔子学院联合举办"首届埃及汉

语教材使用及编写研讨会",旨在整合埃及、尤其是艾大的本土教师资源共同编写本土化汉语教材。但由于两校资金和人才错位,又没有一个强有力的上级部门或学术权威统筹,所以埃及本土化汉语教材的编写至今未提上日程。

究其原因,这可能与埃及没有正规的汉语教学研究组织有直接关系。这极不利于教师和汉语教学的发展。因为教学研究组织可以为教师提供一个很好的交流平台以更新知识、教学理念及技巧。某些大学设有汉学研究中心、中国研究中心和亚洲事务研究中心等,但是主要局限在本校教师之内,研究重点也并不在汉语教学;中国驻埃及的大使馆和教育处也曾组织高校汉语教师举办过多届汉语研讨会,旨在提供信息交流平台,但因参加人数有限,水平参差不齐,所以收效甚微。

2.2　学历教育课程设置不科学,与社会需求和学生实际脱节,人才培养效率较低

首先,课程设置本身没有满足社会的需要。以中文系学生人数最多的艾大为例,从整体上看,其课程设置仅仅局限于汉语基础类课程、阿拉伯语、汉阿翻译或阿汉翻译以及少量中国历史和文化的课程。而社会需求较大的旅游汉语、商贸汉语等极少涉及。

其次,不同年级和阶段的课程设置不合理。不少中文系的课程设置和教学计划的制定多参照英语等埃及传统外语的做法,未考虑到中文教学都是到了大学以后才开设这一实际,在大二大三便开设中国诗歌、戏剧、小说、文学批评等艰深课程,学生根本难以应付。

此外,埃及传统的汉语学历教育在课程设置上比较注重读写和翻译,而忽视听说,造成绝大多数学生听说能力和读写能力

严重失衡。

究其原因,以最老牌的艾大为例,其课程设置一直以来都是参照中国早期培养汉语言文学专业的课程设置方式,而照搬过去的课程设置早已不合时宜。埃及几所大学的汉语教师多是艾大的毕业生,都不同程度地继承和沿袭了这一教学理念和模式。这就导致整个埃及的汉语教学缺乏系统性。

据统计(希夏姆,2013),艾大2008年至今每年毕业生都在190~250人之间,但能顺利找到对口工作并能胜任的只是其中很小的一部分。作为在艾大从事了两年汉语教学的公派教师,笔者接触了大量本校毕业生,即使是一些"高分"学生其实际交际能力也不容乐观。而该校的教学质量还算是埃及高校中较好的,埃及学生的整体培养质量确实令人堪忧。

2.3 师资力量较为雄厚,但本土教师教学理念和教学方法尚待更新和提高

有学者称,在全球"汉语热"的同时,埃及对外汉语教学人才缺乏的问题也越来越突出。"师资的严重匮乏已成为制约埃及汉语教学发展的最大瓶颈。"(王子义,牛端,2012)其实,就师资本身而言,埃及的师资力量称得上较为雄厚,但关键是本土教师教学理念和教学方法亟需更新和提高。

埃及的汉语师资总体来说以本土教师为主,不少学校还有中国政府派去的教师和志愿者。设立中文系的几个主要大学如艾大、开大、爱资哈尔大学和苏伊士运河大学,其师资及学生人数情况如下:

表1 2013年埃及部分高校中文系汉语教师及学生人数

学校	教师人数		学生人数
	本土教师	中国教师	
艾因·夏姆斯大学	29名	1名	1 100名
开罗大学	1名	3名	约100名
爱资哈尔大学	1名	2名	约100名
苏伊士运河大学	1名	4名	约100名

此外,上述各校还有数量不等的本国助教和中国汉语志愿者,因此,师资数量不能算匮乏。

再从质量上看,经过几十年的汉语教育,埃及本国已经培养出了一批基本能独立承担汉语教学任务的本土教师,这又以艾大最为著名,该校是埃及发展乃至普及汉语教学的重要基地,为埃及培养了大批的汉语教学人才。本校规定,只有获得汉语博士学位才能从事汉语教学。中文系汉语教师情况见下表:

表2 艾因·夏姆斯大学中文系本土汉语教师构成及职称

正式教师(29人)职称构成	教授16人	副教授9人	讲师4人
助教人数	3人		
研究生人数	6人		

在这些教师中,兼教授和博士的就有15名,中国驻埃及使馆教育处曾于2012年为其申报过中国政府的"埃及汉学家"称号。该校教师以中文专业为主,不少人从事中国语言和文学的研究,有的甚至深入到比较文学研究、古代典籍翻译等领域,部分教师参与了中埃合作编写汉语教材的项目。他们已成为埃及汉语教学和科研的中坚力量(邓时忠,2004)。因此总体来看,埃及的本土汉语教师专业结构比较合理,富有教学经验,能承担从

本科生到研究生教学的各类课程。

既然埃及的师资力量较为雄厚，那么为什么埃及学生的整体培养质量并不尽如人意呢？笔者认为，关键的一点就是本土教师教学理念和教学方法问题。埃及的汉语教学方法主要有两种：传统学院派——语法翻译法和技能实用派——听说法（夏耕，2012）。以艾大为主（包括苏伊士运河大学）的高校是受到西方影响的语法翻译法，即重视知识的传授，轻视听说读写技能的训练，很像是"中国的内容+西方的教学法"。这种方法在埃及更占优势。而开大在语法翻译法的基础上，正逐渐向听说法过渡，或者向听说阅读译等技能训练转移。这直接与两派的培养目标相关：以艾因·夏姆斯大学为主（包括苏伊士运河大学）的传统学院派培养的目标是阅读-翻译人才；以开大为主的技能实用派培养的目标是实用的汉语翻译和导游。

近几年，开大的教学理念和教学方法又有了明显更新，培养目标更向技能实用人才转变。即由原来的专业需求、学术研究需求转向求职就业需求。因此，埃及就教学方法来说，正逐渐由单一的语法翻译法向直接法、交际法和语法翻译法并存的多元化方向发展。但值得忧虑的是，以艾大为代表的一些老牌学校仍然未见改革的动向，由于艾大在埃及汉语教学中所处的特殊地位，这一做法势必会影响到整个埃及高校的汉语教学。

2.4 教材建设滞后

教材是对学生开展教学的凭借，是影响教学质量的核心因素之一。目前，埃及汉语教学中的教材来源主要有三：一是采用中国国内教材；二是改编中国国内教材；三是教师自编教材。国内编写的对外汉语教材众多，但真正面向以阿拉伯语为母语的汉语学习者使用的教材极少，直接的"拿来主义"必然会导致"水土不服"。根据埃及汉语学习者实际,改编中国国内教材或自编教材本是很好的想法,但在实际操作中,埃及很多大学缺少精心组织和协调,有的学校从不安排老师们一起研讨教材编写体例和内容安排,改编的教材有不少缺乏科学性、系统性和准确性,有些则内容老化,选文固定,缺乏时代气息。不少四年级毕业班的学生不能开口用汉语交谈,写不出一段基本通顺的话,不能理解初级难度的汉语文章。出现这样的学习效果固然有多方面的因素,课程设置不符合学生实际、教学理念和方法落后、教材选用不当应是主要原因。

2.5　教学设备和资源不足

现代化的教学设备在语言教学中起重要作用,电脑和投影仪等多媒体技术的应用可极大地增加教学内容,调动学生兴趣,提高学习效率。但遗憾的是,埃及的大多数汉语教室仍然没有这些设备。这固然有多方面原因,但也与外语所在国的援助力度有关。随着国家对汉语推广工作的重视,宜在教学设施的援助上加大力度。中文图书资料的欠缺也是一个问题,有些大学的中文系开办已经十几年了,中文图书不过百十来本,而且比较陈旧。近年新建的孔子学院倒是有不少新书,但利用率还有待提高。

总之,埃及汉语教学发展迅速,但目前仍然存在着大量问题,与埃及其他主要外语教育相比也还有不少差距。比如,英法德等外语不仅是埃及许多大学的热门课程,也是埃及许多中小学的必修外语课程。这些国家早在数十年前就制定了完备的语言和文化推广计划,在埃及直接兴办大学,开设自己的文化中心。这些外语在埃及的传播历史悠久,在埃及民众中有着深厚的心理和文化基础。与这些优势外语相比,埃及汉语教育起步晚、汉语教育国际推广经验不足,纵向比较,成绩喜人,横向比较,还属弱势。

三、对埃及汉语教学的几点建议

针对上述问题,笔者拟提出几点建议:

3.1　埃及相关部门应尽可能整合现有汉语教学资源,推进资源共享

比如针对开大孔子学院不能很好地服务于开罗所有相关高校的问题,国家相关教育部门可借鉴采用其他国家孔子学院"一院多点"的办学模式,即一个孔子学院在所在国的不同地区和高校设立多个汉语教学点,由孔子学院统一管理,统一配置汉语教师及教学资源。该模式的长处在于,既能满足当地日益增强的学习汉语、了解中国的现实需求,又能有效地节约管理的成本,非常切合并能改善非洲多数国家只有1所孔子学院的相对滞后的现状。比如,喀麦隆孔子学院共有10个教学点,年注册学生已经由成立初期400多人激增到目前近5 000人。

3.2　中国政府宜在现有基础上进一步加大孔院投入,完善奖学金制度,在师资培训方面尤其突出教学理念和方法的更新

在埃及开展和推广汉语教学,对于中埃两国而言是一件"双赢"的事情,对提高中国的文化软实力更是举足轻重。中国政府相关部门应充分认识到"汉推"工作的重要性,准确定位埃及汉语教学在阿拉伯世界和非洲大陆汉语教学大格局中的地位和影响,加大对埃及汉语教学的援助力度。

在现阶段的埃及汉语教学中,比较突出的三个问题是课程设置不符合学生实际、教学理念和方法落后、教材选用不当,其中教学理念和方法的更新又是重中之重,因为其变革在三者当

中是最根本的,它的变革会引发和带动其他方面的变革。在对本土教师进行培训时,应特别加大其力度。

3.3　重视埃及的汉学研究,深入挖掘中国文化的独特魅力

经济的好坏固然是决定一种语言是否受欢迎的重要因素,但文化才具有更持久的影响力。英语电影、英语音乐和英语文学艺术作品在埃及随处可见,对埃及年轻人有很大的吸引力,而与此对应的中国文化产品,数量稀少,品种单一。提到中国文化,似乎就仅有"功夫""杂技""剪纸""书法"。在汉语教学中,在汉语教学之外,如何把好的中国文化推介给埃及人民,这是需要认真研究的问题。

海外汉学的研究已经作为汉语国际推广事业的一个重要组成部分,只有对海外汉学的历史现状、汉学家的基本情况有了系统研究,我们在海外各国的汉语国际推广中才能寻找到真正的合作者,我们所展开的国别化的汉语政策研究及其他汉语国际推广问题才有了人脉上的支持。埃及的汉学研究和汉语图书翻译后继乏人,我们可以加大支持和扶助力度,调动埃及学者的积极性。这也是世界主要语言向外推广的基本经验。现在国家汉办的"资助外国汉学研究者短期访华计划"与发达国家同类项目相比尚有差距,但已经有了良好的开端。埃及汉学家是埃及汉语教育的最重要的支持者,做好他们的工作,发挥其在本国汉语界的"名人效应",对于促进埃及汉语教学和汉语文化推广有着重要意义。

3.4　加快课程调整、教材开发和汉语学习资源库的建设

应根据学习者的不同学习需求,提供形式多样、切实有用的汉语课程和教学内容。统筹规划,对需求情况作全面的调查分析,制定汉语教材编写的长短期规划,组织中埃优秀教师按教学

层次、教学对象分类编写教材。国家汉办在阿拉伯世界汉语教材的编写上宜给予政策和资金上的支持。

在编写课堂使用的教材之外，还应为学生建立汉语学习资源库。中埃教师可共同会商，确定一批既有中国文化特色、又易为埃及学生接受的中文图书、中文音像制品、中文电影、中文歌曲，作为课外指定教学辅助资料，方便学习者选择。若有可能，还可以进行多媒体教材开发。

参考文献：

[1]邓时忠.埃及艾因·夏姆斯大学中文系汉语教学现状及发展策略[J].阿拉伯世界,2004(2):55-57.

[2]邓时忠.埃及汉语教学现状分析[J].国外汉语教学动态,2004(1):23-26.

[3]杜芳,王松岩.埃及汉语教学发展概况、存在的问题及对策[C].国际汉语教学动态与研究,2008(第一辑):72-78.

[4]王文虎.埃及汉语教学的现状与前景[J].世界汉语教学,1992(2):158-160.

[5]朱立才.埃及艾因·夏姆斯大学的汉语教学[J].世界汉语教学,2001(2):110-111.

[6]王子义,牛端.埃及汉语师资的现状与对策分析[C].汉语国际教育人才培养现状及对策,2012:54-62.

[7]夏耕.从埃及汉语教育看汉语国际推广教学能力的培养[C].汉语国际教育人才培养现状及对策,2012:64-75.

[8]希夏姆(埃及).埃及本土汉语教师培养培训的现状与前景—以埃及艾因·夏姆斯大学语言学院中文系为例[J].国际汉语教育,2013(2):8-13.

（本文载《国际汉语教学研究》2014年第1期）

新疆少数民族预科生汉语
阅读理解策略习得调查

【摘要】本文通过对少数民族预科生的阅读答卷的分析,探讨了不同程度的预科生阅读理解策略的实际习得情况,并初步考察了原因。文章分别从同一个班三套试卷的答题情况和同一套试卷三个班的答题情况两方面进行调查。调查发现:无论从何种角度考察,略读抓大意策略都是中级阶段少数民族预科生阅读理解策略习得中最为薄弱的,文章最后从近年试卷的命题难度和角度、教师的课堂教学及教材的编写方面探寻了原因。

关键词:阅读理解策略;习得情况;薄弱;策略;原因

阅读是一个复杂的心理过程,阅读理解具体包括形式理解、意义理解、抽象理解、推理判断和交际意念理解,阅读理解策略则包括了在整个这个过程中所使用的全部策略。阅读策略一般分为阅读学习观念管理策略和阅读学习策略(钱玉莲,2007),本文抛开学习观念和管理策略,仅对阅读隐性理解策略进行考察。

对于阅读策略的研究,其考察对象大多是英语作为外语或者第二语言的学习者,以汉语为考察对象的研究很少,目前我们所见到的文献只有下面几篇:Everson(1987)关于汉语作为母语和外语阅读时策略对断字影响的研究;Everson和Ke(1997)关于母语为英语的中高级汉语学习者阅读学习策略的研究;Lee(1999)汉语作为外语的美国学习者在讲述和争议文本时阅读策略使用的研究;刘颂浩(2002)对汉语学习者阅读中的理解监控行为的考察;钱玉莲(2007)对韩国学生中文阅读学习策略的调查研究;周健等(2007)对中级水平留学生汉语阅读中的分词偏误现象及词界切分和语义提取的策略的考察。

以往的研究通用的方法是使用Oxford的策略学习量表,以调查问卷的形式直接询问被调查者在汉语学习过程中所使用的学习策略,本文的思路则是对学生汉语试卷的答题情况进行分析,以避免被调查者在回答问卷时的主观因素,更加客观地反映被调查者的策略使用和习得情况;此外,以往的研究更多关注学习者常用和不常用哪些学习策略,本文则关注哪些策略习得较好,哪些较为薄弱,原因何在,以期改善和解决。

一、测试对象

测试对象为新疆大学语言学院2009级预科生三个班共计107人。包括快班(理科4班,HSK成绩为6~8级)31人,中班(理科11班,HSK4~6级)38人,慢班(理科7班,HSK三级及以下)38人。

二、试卷来源

测试时间为2010年4月—5月,此时学生正在接受HSK强化训练,为5月的HSK考试做准备。本文所分析的试卷为该时间段的三套HSK阶段性模拟试卷(按测试先后顺序分别称作A卷、C卷和B卷)的阅读理解部分。中班由于程度居中,因此,被作为重点班同时做了这三套试卷的调查,C卷由于是三套试卷中最难的一套,因而被作为重点试卷同时在快班、中班和慢班三个班进行测试。这样我们的调查结果实际涉及5班次共计183人次。

三、试卷情况

HSK试卷阅读理解部分包括第一部分和第二部分两部分，第一部分侧重考察考生的词汇量，第二部分才真正考察考生对段落和篇章的理解，因此试卷分析仅限于第二部分。

3.1 三套试卷所考察的五种阅读理解策略

概括起来，三套试卷所考察的阅读理解策略包括以下五种：

3.1.1 策略———文本细节忠实搜索策略

即根据题目的要求从文本中直接搜索明确加以陈述的信息的策略。这也是做阅读理解试题时最基本的一种策略。如：

（1）徽州人一年中，饮茶不断，但比较集中成习的有"朝茶""午茶""夜茶"。……午饭之后，浓茶一杯，消食健胃。……

问：徽州人午后喝浓茶的作用是（　　　）

A. 修身养性　　　　　B. 消食健胃

C. 消除疲劳　　　　　D.带来暖意

（B卷119题）

正确答案：B。

3.1.2 策略二——根据语境猜测词义策略

即利用上下文提供的线索、词语的结构线索以及文章结构线索等语境，解决阅读中遇到的生词，从而达到理解文章目的的策略，它是对付阅读障碍的策略之一。

（2）这也好像学打拳，刚学会几个动作，多半以为自己很了不得，处处想跟别人较量几下子。

问：和划线部分的"较量"意思最接近的是（　　　）

A.比较　　　　　B.计较

C.比试　　　　　D.计量

（C卷105题）

正确答案：C。

3.1.3 策略三——略读抓大意策略

指以浏览的方式阅读，以尽可能快的速度，跳过某些细节，迅速获取文章大意或中心思想从而抓住文章的大概。

（3）一个人在学习过程中有若干重要关节，如果处理不好，往往会影响学习的效果。初学的一个重要关节，就是在学会一、二、三或外国文A、B、C等的时候。有一些轻浮的人，正如那个富翁的儿子一样，往往就"欣欣然"起来，以为"得矣，得矣"，什么都懂了。这也好像学打拳，刚学会几个动作，多半以为自己很了不得，处处想跟别人较量几下子。倒是学得多了，真正有了一些本领，才反而虚心起来。由此可见，越是没有本领的就越是自命不凡，越是有本领的才越谦虚谨慎。

问：本文主要是讲（　　　）

A.初学的重要性

B.初学如同打拳

C.学习有很多重要关节

D.随着学问的增多，人会越来越谦虚。

（A卷117题）

正确答案：A。

3.1.4 策略四——局部引申策略

指在文本已知内容以及相关背景的基础上，对未知内容进行局部引申，从而能够正确把握文章的阅读策略。

（4）就生活环境来看，多数植物生长在陆地上，叫作陆生植物，依其需光和耐光程度的不同又分为阳生植物、阴生植物和耐阴植物。少数生活在水中的，叫作水生植物。

问：阴生植物同时又是( )

A.高等植物 B.低等植物

C.陆生植物 D.挺水植物

（C卷120题）

正确答案：C。

3.1.5 策略五——整体推论策略

指在文本已知内容以及相关背景的基础上，对未知内容或者结论进行全局性推断，从而达到正确把握文章这一目的的阅读策略。包括作者的语气态度情感、作品风格等。与局部引申策略比较而言，前者主要是就一些细节或局部性的问题进行推导，而后者主要就关系文章全局的问题加以推论。

(5)以往，国家邮政部门对任务肖像题材的开发有很严格的规定：只允许印制省级以上重大活动的代表和嘉宾、劳模人物等。但从今年4月起，这一限度放宽，……

以前，作为个性化邮票题材的多是一些景点、建筑标志等，很少有社会人物。……放宽条件后，宁波市符合此标准的人物，就可以到宁波市邮政局邮票公司申请印制人物肖像题材的个性化邮票。……

问：这篇短文可能是：( )

A.图书前言 B.新闻报道

C.个人传记 D.抒情散文

（B卷116题）

正确答案：B。

3.2 试卷中阅读理解策略的习得情况

3.2.1 从同一个班三套试卷的答题情况看策略习得情况

由于中班同时参与了这三套试卷的测试，所以从其错误率可很容易地看出三套试卷的难度。A卷、B卷和C卷该班的错误频次依次为285、80和349,因此B卷最易,C卷最难,A卷难度介于二者之间。

表1　三套试卷中各种策略所占的比例表

项目统计结果		1 文本细节忠实搜索策略	2 根据语境猜测词义策略	3 略读抓大意策略	4 局部引申策略	5 整体推论策略
题目数量	B卷	11	3	2	13	1
	A卷	1	7	7	15	0
	C卷	5	5	3	15	2

下面来讨论一下中班三套试卷的答题情况。从整体上看,对于中级程度学生而言,无论试卷难易程度如何,策略三——略读抓大意策略和策略四——局部引申策略在五种策略中的出错率都是排在前列的,按照从易到难的顺序排列,前者的误用率为11.8%、35.3%和59.6%,后者的误用率为12.1%、46.7%和32.5%。换句话说,对学生来说,策略三和策略四都是最难的,策略二、策略五和策略一却随试卷难度的不同而有所变化,如策略二为1.8%、31.1%和38.1%。因此,三套试卷的策略综合排序由难到易为:3>4>2>5>1。

另外我们注意到,就单道试题而言,在考察的B卷试题中,出错率最高的也是一道三类题(106题)和一道四类题(130题)。前者出错人数为8人,出错率为21.1%,后者出错人数为15人,出错率为39.5%。另外一道三类题由于在这三套试卷中出错率最高,达到了47.1%,也引起了我们的注意,见下:

(6)a.一项新研究表明,招致洪水、飓风、高温以及暴风雨提前到来等灾害的厄尔尼诺也带来一些好事情:b.植物生长茂盛,与全球变暖有关的污染在一定程度上得到了控制。c.研究人员发现:厄尔尼诺带来的高温,首先会引起土壤中死亡植物的腐败速度加快,导致释放到大气中的二氧化碳增多,但随后会引起世界各地的植物一阵猛长,吸收大量的二氧化碳,而这又会使大气中的二氧化碳含量有所减少,减轻温室效应给人类造成的危害。d.不过,厄尔尼诺带来的植物生长高潮大约有2年的滞后期,因此二氧化碳含量的减少也有2年的滞后期。

问:这段文字主要介绍的是:

A.什么是厄尔尼诺现象

B.厄尔尼诺会造成危害

C.厄尔尼诺也有积极作用

D.厄尔尼诺的害处和益处

正确答案:C。

我们发现,出错的大部分学生(16人中有15人)误选了答案D。问题的关键是没有抓住文章的中心句a,也没有理清该段各句之间的逻辑关系。即句b是对句a的解释说明,句c则进一步解释说明句b,句d补充说明句c。

3.2.2 从同一套试卷三个班的答题情况看策略习得情况

我们专门选择了试卷难度最高的C卷进行测试,测试结果如下:

表2　C卷测试结果表

项目 统计 结果	1 文本细节 忠实搜索 策略	2 根据语境 猜测词义 策略	3 略读 抓大意 策略	4 局部 引申 策略	5 整体 推论 策略

续表2

题目数量		5	5	3	15	2
错误频次	快班	0	59	47	165	16
	中班	0	74	68	185	22
	慢班	17	116	86	298	53
未习得率（%）	快班	0	38.1	50.5	35.5	25.8
	中班	0	38.1	59.6	32.5	28.9
	慢班	9.0	61.1	75.4	52.3	69.7

由此可见,试卷越难,学生程度越差,策略三和五误用越显著。策略二、四仍然很难掌握。而且学生的错误频次与其程度并不总是呈正相关。策略四就是证明。三个班的综合排序为3>2>5>4>1。

另外我们发现,三个班的高出错试题有着惊人的相似。如:策略三最高的是103题,即例(6)。另外还有118题,列举如下:

(7)①植物是生物的一大类。②现在已知的植物,大约有40万种。③可分为藻类、菌类、地衣、苔藓、蕨类和种子植物。④a绝大多数的植物都具有叶绿素或其他色素,能进行光合作用,营自养生活。还有一部分植物不具有光合色素,营腐生或寄生生活,属异养植物。b前者含叶绿素等光合色素,通称为绿色植物;后者称为非绿色植物。c依据个体发育过程中是否出现胚,又可分为低等植物和高等植物。……d就生活环境看,多数植物生长在陆地上,叫作陆生植物,少数生活在水中的,叫作水生植物。……

问:本文从几个角度对植物进行了分类?

A.4 个 　　　　　B.5 个 　　　　　C.6 个 　　　　　D.7 个

正确答案:A。

此题本来是要考察文章结构的,很明显本文是从句④后abcd四个角度对植物进行分类的,可是许多考生都误以为考察局部推论,将句③作了简单推理就选择了C。快、中、慢三个班此题的出错率分别为:58.1%、57.9%和89.5%,C的误选率则分别为:83.3%、68.2%和82.4%。

策略四出错率最高的是102题(整套试卷出错率最高),列举如下:

(8)太阳是决定地球外在环境最重要的因素。根据近代天文学家的理论,太阳将持续而稳定地向地球提供光和热,地球绕太阳旋转的平均半径将长期维持不变,至多只有极小的摆动,这一过程将至少要持续40亿年。过了40亿年后,太阳将逐渐膨胀而演化为红巨星,后将地球完全吞吃到它的"肚子"里。

问:根据本文,在40亿年里,将长期维持不变的是:

A.地球的半径   B.太阳的平均半径

C.地球绕太阳旋转   D.地球绕太阳旋转的半径

答案:C。

快、中、慢三个班此题的出错率分别为:90.3%、65.8%和100%,D的误选率则分别为:100%、96%和84.2%。笔者认为这不仅与考生的汉语水平,而且与考生的背景知识欠缺密切相关。

四、讨论

无论从同一个班三套试卷的答题情况,还是从同一套试卷三个班的答题情况来看,策略三都是非常薄弱的,那么造成策略三薄弱的原因何在呢?

4.1　从试卷本身来看,现在的阅读理解难度整体上在增大,尤其是策略三越来越难

从对6个班3套试卷的统计分析可以看出,就中等程度的学生而言,整体上讲,策略三实际是最难习得的一种策略。因此,我们认为,语篇理解是影响学生阅读的一个重要因素。语篇理解可大可小,有时测试对全文主要内容的理解,有时测试对复句或语段的理解,而这些都要经过分析和归纳。

(9)厄尔尼诺带来的高温,首先会引起土壤中死亡植物的腐败速度加快,导致释放到大气中的二氧化碳增多,但随后会引起世界各地的植物一阵猛长,吸收大量的二氧化碳,而这又会使大气中的二氧化碳含量有所减少,减轻温室效应给人类造成的危害。

问:文中谈到的厄尔尼诺的主要益处是(　　)

A.加速植物腐败

B.带来持续高温

C.增多二氧化碳

D.减轻温室效应

(A卷114题)

正确答案:D。

该段实际上是一个复句,其分句关系较为复杂,其逻辑关系可用下图表示:

厄尔尼诺带来高温→土壤中死亡植物的腐败速度加快→释放到大气中的二氧化碳增多(害处)→植物一阵猛长→吸收大量的二氧化碳→大气中的二氧化碳含量有所减少→减轻温室效应给人类造成的危害(益处)

换言之,该段实际上在谈厄尔尼诺的主要益处,只不过其益

处的呈现需要一个过程,即先是有害处:死亡植物腐败速度的加快所导致的大气中二氧化碳的增多,随后才是有益处:植物吸收二氧化碳导致的二氧化碳减少,它的直接好处就是减轻温室效应给人类造成的危害。也就是说,答案A.加速植物腐败、B.带来持续高温、C.增多二氧化碳,这些都只是过程,而非最后结果。厄尔尼诺归根结底是有益处的。

为了测试现在的阅读理解试卷的难度,我们还专门做了试验:将一篇较难的HSK阅读理解题(共6道题,其中有两道题都涉及篇章结构和主旨,即47和50题,)拿到两个汉族班(新疆大学对外汉语专业二年级和三年级)试做。结果二年级班39名学生,全部做对的仅4名,错1题的19人,错2题的13人,错3题的3人;三年级班与此类似,共30名学生,完全做对的只有1名,有2名都错了3题,还有27名都错了1~2题。而且2个班极为一致的是:涉及篇章结构和主旨的第50题出错率都最高。

李世之(1997)等在对外国人学习与使用汉语的情况进行调查之后,认为"掌握的词汇量不够是影响调查对象掌握、运用各项技能尤其是阅读技能的首要困难。"此外还有句子结构不清楚,内容不熟,日常生活词汇少,缺乏文化背景知识,汉字认读有困难。对此我们不敢苟同。我们认为,20世纪90年代初级程度的学生可能确实如此,但对于现在中级程度的少数民族学生来说,情况已经发生了很大的变化,语篇结构的理解和训练应该成为一个重点。

4.2 教师的课堂教学普遍对策略三较为忽视

针对该问题,我们专门做过一个调查。调查对象是新疆大学语言学院的20名汉语泛读教师。其基本情况如下:

表3　泛读教师基本情况表

基本情况总人数	性别		学历		教龄			授课班级（快班、中班、慢班）		
	男	女	本科	研究生	10年以下	10年-20年	20年以上	一类	二类	三类
20	12	8	11	9	3	9	8	11	7	2

调查问卷涉及汉语泛读教学的认识和操作两个层面,调查发现:教师在这两个层面有相当程度的割裂,即大多数老师在认识层面是非常清醒的,但在实际操作时又由于各种原因而未能贯彻实施。例如:在认识层面,当被问及"泛读课应该侧重于什么"时,60%的老师认为"阅读策略、学习方法和课文内容三者应该兼顾";当被问及"你认为预科班学生阅读文章最难的是什么"时,有45%的老师认为"文章结构及整体思路"是其中的难点之一;(认为"词汇""文化背景"和"阅读策略"是难点之一的分别占了45%、30%和30%。)当被问及"你认为在泛读课上分析文章的层次和作者的思路有用与否"时,回答"很有用"和"比较有用"的占了75%,而认为"作用一般"和"没用"的只有25%;当被问及"你认为学生怎样才算真正读懂了文章"时,回答"能理解文章的思路及写作意图"的占了70%,回答"能把文章基本顺畅地读下来"和"能叙述文章大意"的只有30%。

在实际操作层面,当被要求从"A.总会　B.有时　C.几乎不"中选择"泛读课上,你(　　)分析文章的层次和作者的思路。"时,选择"A.总会"的仅40%,选择"B.有时"的为35%,选择"C.几乎不"的为25%;当被问及"泛读课上,你绝大部分时间用来做什么"时,在"A.讲解词语　B.分析段落层次　C.让学生读课文　D.让学生回答问题"四个备选答案中,单选ABCD中的某一项的各有3位,共占60%,多选的则有八位,占了40%,而且多选者无一例外都选了"D.让学生回答问题",却只有2位(占10%)选了"B.分析段落层次"。

由此可见,虽然大多数老师已经意识到文章结构及整体思路对于学生理解文章来讲至关重要,但真正在教学中付诸实施的仅是其中很小的一部分。

4.3 现在通行的一些教材对策略三倾斜不够

这里仅说阅读理解试题的题型设计。下面的题型对提高学生篇章策略是十分有益的,但现有教材中很少见到:

4.3.1 预测可能出现的内容

在文中特定位置留出空缺部分,让学生利用关联词语的联接作用去预测可能出现的内容,对学生的逻辑思维是很好的锻炼。如:

(10)龙卷风的路线不能预测,有时能破坏整条街,旁边的街却没有问题。碰到较小的龙卷风,(表示条件的语句)就可保护房顶不被破坏。但遇上厉害的龙卷风,所有的准备工作都没有用。

(11)我丈夫是造船厂的工人,我是纺织厂的工人。按理,我俩是"门当户对",应该有福同享,有难同当。(表示转折的语段)

4.3.2 寻找中心句

根据文章内容,在横线上填上适当的句子。

(12)_____这一直是个让人头疼的问题。以前,一般送床单、被罩,后来又变成了"新三件""新新三件"。但现在的新人家这些东西都有了,再送就多余。直接送钱吧,双方都觉得有些不好意思;送其他纪念品吧,往往又占地方又不实用。

A.朋友结婚,送不送礼?

B.朋友结婚,送礼送什么?

C.朋友结婚,送多少钱的礼?

D.朋友结婚,什么时候去送礼?

(13)阅读是怎么一回事?是吸收。好像每天吃饭吸收营养一样,阅读就是吸收精神上的营养。写作是怎么一回事?是表达。把脑子里的东西拿出来,让人家知道,或者用嘴说,或者用笔写。阅读和写作,吸收和表达,一个是进,从外到内;一个是出,从内到外。这两件事无论做什么工作都是经常需要的。这两件事没有学好,不仅影响个人,还会影响社会。

A.原因是不会阅读和写作。

B.因此阅读很重要。

C.所以阅读对写作是有影响的。

D.说语文学习很重要,原因就在这里。

以上我们从试卷本身、教师的课堂教学和教材方面探寻了造成策略三薄弱的原因。也许还有其他更重要的原因,仅抛砖引玉,希望引起同行和专家的注意,从而共同探索阅读教学的新路子。

参考文献:

[1]李世之.关于阅读教学的几点思考[J].世界汉语教学,1997(1):78-81.

[2]江新.汉语作为第二语言学习策略初探[J].语言教学与研究,2000(1):61-68.

[3]钱玉莲.第二语言学习策略研究的现状与前瞻[J].暨南大学华文学院学报,2004(3):36-43.

[4]钱玉莲.韩国学生汉语学习策略研究[M].北京:世界图书出版公司,2007.

[5]周小兵.宋永波对外汉语阅读研究[M].北京:北京大学出版社,2005.

[6]赵金铭主编.汉语可以这样教——语言技能篇[M].北京:商务印书馆,2006.

(本文载《语言与翻译》2011 年第 4 期)

新疆少数民族学生汉语建议言语行为调查研究

【摘要】建议言语行为是一种指令性言语行为,即"说话人言及听话人将要做的某事,并真诚希望它能对听者达成所渴望的目标有所帮助,同时留给了听者自由行动的权利。"

该文分别从句法手段、直接建议和间接建议策略的使用、辅助修饰语以及社会因素的影响四个方面探讨了新疆少数民族学生实施汉语建议言语行为的特点及规律。

一、建议言语行为及相关概念的界定

言语行为理论,由英国哲学家J.Anstin提出、美国语言学家J.searle发展,是语用学研究中的一个重要理论。近年来,国内外许多学者都对言语行为做了大量的研究,包括祈使、感谢、招呼、道歉及告别等。

"祈使"是旨在交流物品和服务的一种言语行为,包括"建议""请求""命令""劝告""商量"和"提醒"等。其中,"建议"和"请求"两种言语行为在日常交际中使用较为普遍。Searle 和Roann Altman、Eli Hinkel 等学者指出,建议言语行为是一种指令类行为,又是一种"面子威胁行为",因此,需要有策略地补救。

243

不同语言在实施建议这一言语行为时所采用的交际策略往往不同。在跨文化交际中,正确运用这种行为需要较强的语言能力和交际能力。

1.1 建议言语行为的定义

Austin(1962)以行事动词为标志将言语行为划分为五类:裁决型、行使型、承诺型、行为型、阐述型。Searle(1976)对言语行为进行了重新分类,并将"建议"归为指令类言语行为,并根据满足条件对建议言语行为进行了具体解释。

国内学者方志英(2005:10)将"建议"定义为"说话人言及听话人将要做的某事,并真诚希望它能对听者达成所渴望的目标有所帮助,同时留给了听者自由行动的权利。"

综上,本文将建议言语行为界定为:(1)一种指令性言语行为。(2)说话人言及听话人将要做的某事。(3)说话人言及此事是真诚地希望和相信对听话人有利。(4)听话人有行动的自主权。为了研究方便,我们将建议限定在非商业和工作会议上的日常口头建议。

1.2 建议言语行为的实现模式和语用策略

一般从句法形式方面考察建议言语行为的实现模式。Banerjee和Carrell(1988)根据建议的直接性划分为:直接建议句和间接建议句。经过对问卷语料分析后,本文将建议的句法手段分为四类:陈述句、祈使句、疑问句和感叹句。

根据方志英(2005)和Banerjee和Carrell等的建议言语行为话语模式,结合所收集的语料,我们将汉语建议言语行为模式划分为直接建议策略、间接建议策略和辅助修饰语,详见下表:

表1　汉语建议言语行为实现模式和语用策略

组成模式的策略类型		实　　例
I直接建议策略 说话者直接陈述，要求受话人执行某行动	策略A　显性建议语	爸爸，您别再抽烟了。 建议带伞噢！
II间接建议策略 建议行为不直接提出，借助某种手段间接地显现，受话人需推理领会	策略B　提供相关信息和评价	1路车不到，2路才到
	策略C　询问听话人	整体效果很不错，但是局部是不是应该做点修正
	策略D　戏谑或逗趣	哥们，你对外开放了！（看到对方裤子拉链没拉）
	策略E　假设条件或设想结果	如果颜色稍微再深一点，那么你的作品就很完美了
III辅助修饰语 出现在直接或间接建议核心行为语前、后或者隐藏其中，用来缓和或加强建议之力。有些辅助语能单独承担建议之力，单独出现时，视为间接建议表达。但和直接建议语同时出现时，就充当辅助语	策略F　说明理由	吸烟的人的命比起不抽烟的人少活五年。哎，爸，为了身体少抽吧
	策略G　表示肯定或称赞	我觉得画得相当不错，就是颜色感觉淡了点儿
	策略H　确定信息避免唐突	请问你们两位是要去市中心吗？可是1路不到那儿
	策略I　表示谦逊或道歉	整体效果很不错，但是局部是不是应该做点修正？比如这里太深，当然我是外行，仅供参考，呵呵
	策略J　使用模糊限制语	我觉得、我说、可以、可能、好像、应该、可以、最好
	策略K　使用呼唤语	两位、这位朋友、朋友、爸、哎、傻瓜、老师、同志、书记
	策略L　使用礼貌用语	你好、你们好、您、请
	策略M　提供补偿条件	您能少抽些烟么？如果您少抽，我就按时睡觉

1.3 国内外对建议言语行为的研究

目前的研究大多是从跨文化对比的角度进行的,其中涉及最多的是与英语的对比研究,比较著名的有 Janet Banerjee 和 patricia L.Carrell(1988),Altman(1990),Hinkel(1997);国内的研究大多是从中国人习得英语的角度出发,将汉语和英语的建议策略进行对比,例如郝春霞(2000);方志英(2005)则做了汉语母语者"建议"言语行为的研究,从句法形式、语用策略等方面说明了汉语中建议言语行为实施情况,并分析了其影响因素。在为数极少的非母语学习者汉语建议策略的调查研究中,调查对象主要集中在留学生身上,如丁安琪(2001)仅从句法形式方面考察了欧美留学生"建议"言语行为的实施特点,并对其语用失误进行了分析。

以新疆的少数民族学生作为调查对象的同类研究仍未见到。本文拟从少数民族学生习得汉语的角度出发,探讨其习得汉语建议的语用特征及规律,除了从句法形式方面,还将从语用策略的选择和各种社会情景变量因素的影响方面去考察,旨在为教学、教材和大纲的编写提供借鉴,从而能够更有针对性地培养和提高少数民族学生习得汉语的语用能力。

二、调查目的及设计

2.1 调查目的

此次调查研究主要考察三个问题:

①从总体上考察不同汉语水平被试实施汉语建议句法手段方面的差别。

②考察被试语用策略的使用情况。

③研究被试实施汉语建议言语行为是否受社会权势、社会

距离和面子威胁程度的影响。

2.2调查设计

(1)被试

本次调查的少数民族学生被试我们选择了新疆大学和新疆师范大学共四个班的学生。一个慢班(MHK在三级以下)和一个中班的学生(MHK达到三级)共84人列入汉语初中级组,两个快班的学生(MHK都在三级以上)共85人列入汉语高级组。

汉语组被试是分别来自新疆大学和武汉大学等两所高校的大学生及研究生共60人。南北方人都有,尤以北方人为主,基本上能反映目前汉族的语言使用情况。

(2)问卷设计与调查过程

我们在问卷的设计时参考了已有的研究,其中面向少数民族学生的问卷分为三个部分:问卷说明、调查对象的个人资料和语境提供。问卷说明主要包括调查目的、调查内容;调查对象的个人资料主要有性别、年龄、身份等;语境提供则先详细描述行为发生的情境,再让调查对象根据情境填写建议语。问卷中,我们把社会距离、面子威胁程度和社会权势作为控制因素,一共设计了8个情景,涉及到人际交往的多个方面,模拟日常生活的实际。

本次调查共发出问卷240份,收回229份。汉语母语组发放有效问卷63份,收回有效问卷60份。少数民族学生组发放问卷177份,收回有效问卷169份。

三、调查结果分析

3.1 句法手段运用的宏观分析

本节我们比较不同被试实施汉语建议言语行为采用句法手

段方面的异同:

表2　汉族和少数民族被试者句法手段运用对比

句式\n受试		陈述句		祈使句		疑问句		感叹句	
		出现次数	出现频率(%)	出现次数	出现频率(%)	出现次数	出现频率(%)	出现次数	出现频率(%)
汉族(N=480)		108	20.2	189	35.0	180	33.3	63	11.7
少数民族	初中级(N=672)	126	16.7	531	70.2	90	11.9	9	1.1
	高级(N=680)	225	29.4	459	60.0	81	10.6	0	0

注:N=问卷情景数×问卷数,出现频率=出现次数÷N×100%;这里所研究的句法手段,主要指核心行为语使用的句法形式,不包括辅助语的句法形式;我们用"汉族"代替"汉语母语被试"(下同)。

(1)句法种类的比较:少数民族学生句法手段的使用情况和汉族相同,主要集中在陈述句、祈使句和疑问句三类,而感叹句较少使用。

(2)句法手段数量上的比较:少数民族学生和汉族建议表达使用最多的句式同样都集中在祈使句,但相对于汉族而言,少数民族使用祈使句的相对频率更高,初中级和高级分别占到了70.2%和60.0%,远远超过了汉族的35%。

少数民族除了主要使用祈使句以外,较多使用陈述句,初中级和高级分别占到16.7%和29.4%,排在第三位的是疑问句,初中级和高级相对频率分别为11.9%和10.6%,感叹句则极少使用初中级为1.1%,高级甚至不使用。而汉族的句式使用习惯是疑问句多于陈述句。

总之,从某一群体使用各句类的比例来看,汉族相对均衡地使用各个句类,而少数民族主要使用祈使句,其使用频率至少在

60%以上,而且学习者汉语程度与该句式使用频率成反比。

上述调查结果得到了相关研究的验证。根据研究①,汉族祈使句使用频率明显高于陈述句使用频率,这一点与我们的调查结果一致;同时,我们也注意到,同是汉语学习者,留学生与少数民族学习者又有不同:留学生更倾向于使用陈述句,陈述句的使用频率高于祈使句的使用频率,差异最大的一组达到了60.83:28.33;而我们的调查显示,少数民族恰好相反,祈使句的使用频率明显高于陈述句的使用频率,差异最大的一组达到了70.2:16.7。

3.2 直接建议和间接建议策略的统计分析

（1）直接策略和间接策略的宏观统计分析

本节对不同被试运用直接建议策略和间接建议策略的总数及频率进行统计和分析。

表3 直接建议策略和间接建议策略宏观统计对比

宏观策略 受试		直接建议表达		间接建议不确定	
		出现次数	百分比(%)	出现次数	百分比(%)
汉族(N=480)		207(2.61)	38.3	333(1.62)	61.7
少数民族	初中级(N=672)	549(1.38)	72.6	207(3.65)	27.4
	高级(N=680)	468(1.63)	61.1	297(2.58)	38.9

注:本表括号中数字为平均情景数。如:汉族使用直接建议207次,每2.61个情景会出现一次。表3中括号内数字表示每个被试平均使用策略次数。

---

① 王霞.日韩和东南亚留学生实施汉语建议言语行为的调查分析[D].广州:暨南大学硕士学位论文,2007.

由表可见：少数民族，无论是初中级还是高级，其直接建议使用频率均高于间接建议使用频率，与汉族的使用情况正好相反。其中，高年级组直接建议与间接建议使用频率之比为61.1：38.9，与初中级的72.62：27.4比较起来，更接近汉族。

（2）直接策略和间接策略的微观统计分析

本节将对少数民族学生使用的直接和间接策略进行微观分析。

①直接建议常用词汇统计

表4　直接建议常用词汇频数统计

用词\受试	觉得	建议	应该（该）	可以	不要	横向合计	使用频率
汉族（N=480）	45	9	27	10	27	118	21.9%
初中级（N=672）	10	0	36	44	46	136	18.0%
高级（N=680）	0	9	27	27	45	108	14.1%
纵向合计	55	18	90	71	118	415	略

本次调查发现，被试使用的表示直接建议的常用词汇有"建议、觉得、应该、可以、不要"等。由表可见，汉族在表达建议时借助这些词汇的情况是：540个情景中共使用了118次，占21.9%；初中级组：756个情景中共使用了136次，占18.0%；高级组：765个情景中共使用了108次，占14.1%。因此，初中级组的使用频数反而同汉族更接近。

②间接建议策略的微观分析

表5　间接建议策略微观统计

句式 受试	策略B（提供相关信息的评价）		策略C（询问听话人）		策略D（戏谑或逗趣）		策略E（假设条件或设想结果）	
	出现次数	出现频率(%)	出现次数	出现频率(%)	出现次数	出现频率(%)	出现次数	出现频率(%)
汉族(N=480)	117	21.7	135	25	108	20	0	0
少数民族 初中级(N=672)	126	16.7	81	10.7	18	2.4	0	0
少数民族 高级(N=680)	162	21.2	81	10.6	9	1.2	45	5.9

A.从总体上看,初中级阶段少数民族学生只使用了三种间接策略,而到了高级阶段则使用了四种间接策略了。少数民族学生和汉族对四种间接策略的使用分布有同有异,其中策略B使用频率都较高,在少数民族学生中更是占到了最高;策略C和策略D在汉族中使用频率较高,策略C甚至超过了策略B列居汉族辅助修饰语使用频率之首;策略E(设想结果)使用频率相对较小,只在少数民族高级阶段中有使用。

B.各分策略使用情况的分析

调查发现,少数民族学生对策略B(提供相关信息和评价)的使用频率会随着汉语水平的提高而提高,高级组已与汉族的使用频率无显著差异。说明汉语水平对策略B的使用频率有较大影响;相反,汉语水平的高低对少数民族学生策略C(询问听话人)的使用频率影响不明显,因为两个阶段的少数民族学生使用该策略的频率都较低,与汉族人有显著性差异。我们认为这是因为策略C本身显得比较委婉和礼貌,减弱了建议的指令性,与少数民族直截了当的说话风格不符;策略D(戏谑或逗趣)在汉族中使用频率较高,达到了20%,而在少数民族中不到3%,其原因可能是该策略使用较难。少数民族学生语言能力和文化的理解都达到一定的高度才能借助幽默诙谐的手段实施汉语建议行为;策略E(假设条件或设想结果)使用频率相对较小,只在少数民族高级阶段中有使用,因此不做详细分析。

3.3 辅助修饰语的统计分析

辅助修饰语具体使用情况见表6:

表6 辅助修饰语微观统计

受试\策略	初中级(N=84人)	高级(N=85人)	汉族(N=60人)	总和(横向)
策略F(说明理由)	40(4.82)	34(4.02)	144(2.4)	891
策略G(表示肯定或称赞)	63(0.75)	45(0.53)	45(0.75)	153
策略H(确定信息避免唐突)	18(0.21)	18(0.21)	27(0.45)	43
策略I(表示谦逊或道歉)	27(0.32)	0(0)	36(0.6)	63
策略J(使用模糊限制语)	54(0.64)	17(2.01)	144(2.4)	369
策略K(使用呼唤语)	27(3.28)	35(4.13)	216(3.6)	846
策略L(使用礼貌用语)	63(0.75)	45(0.53)	63(1.05)	171
策略M(提供补偿条件)	0(0)	0(0)	9(0.15)	9
总和(纵向)	90(10.8)	97(11.4)	68(11.4)	2565

(1)总体来看,初中级少数民族学生使用了七种辅助修饰语,高级少数民族学生使用了六种,都少于汉族的八种;少数民族学生使用的辅助修饰语频数总体上低于汉族,但随着学习时间的增加使用数量会相应增加:初中级少数民族学生每个被试平均使用10.8次,高级少数民族学生平均使用11.4次,与汉族的使用频次(11.4)持平。

(2)具体策略的比较:由于策略M(提供补偿条件)出现的频数总体上不具典型性,因此不进入我们的数据分析。由表6可见,在八种辅助修饰语中,绝大多数的使用频率都是汉族超过少数民族,但也有策略例外。

①与汉族相比,少数民族更喜欢使用的策略包括:策略F(说明理由)和策略K(呼唤语)。

策略F是被试使用最多(891次)的一种辅助手段;策略K也是各组被试使用较多的策略,高级阶段少数民族尤其擅长使用,平均每个被试使用4.13次,高于汉族的3.6次。

这与留学生最喜欢使用的策略包括策略F(说明理由)和策略J(使用模糊限制语)也有不同。

语料显示,少数民族学生称呼语的语用倾向如下:

A.少数民族使用称呼语不如汉族的丰富,像"哥们""老兄""老爸""刚哥"(人名+亲属称谓)这样的称呼少数民族一般还不会使用。

B.少数民族喜欢使用"朋友"和"哎"这两个称呼,前者使用频率达到了14.2%,后者达到了28.6%。

②少数民族使用的策略频率较低的策略(尤其是少数民族高级组反而较初中级组使用频率低的策略):包括策略G(肯定或称赞语)、策略I(道歉或谦逊)和策略L(礼貌用语)。

我们认为,策略F(说明理由)和策略K(呼唤语)之所以在少数民族中使用较多,是因为策略F相对简单易行,而策略K的常用则体现了少数民族普遍为人热情的民族文化。在少数民族内部的各策略使用频率差异,尤其是少数民族学生高级组反而较初中级组使用频率低的三种策略则体现了少数民族学生高级组在接受汉民族语言和文化的过程中,对中华民族传统文化却有所偏离。

3.4 社会因素影响的考察

本小节考察少数民族学生实施汉语建议行为是否受社会因素的影响。假定影响建议策略使用的因素主要有三种：面子威胁程度、社会地位和社会距离。

（1）面子威胁程度影响的考察

面子威胁程度主要是指说话人提出建议时，对受话人面子威胁的程度。面子威胁程度一般受建议性质即情景的制约。在控制社会距离和社会地位的条件下，我们从面子威胁程度的"强"和"弱"这两个维度进行考察。为了避免其他社会因素的干扰，我们选取了社会距离和社会权势状况相同的两个情景进行比较分析。

表7　不同面子威胁程度影响下直接建议和间接建议的使用频数统计

受试\策略使用		直接建议		间接建议	
		强	弱	强	弱
汉族（N=60）		22	45	38	15
少数民族	初中级（N=84）	74	76	10	8
	高级（N=85）	28	76	57	9

注：此表N=受试人数。考察少数民族学生实施汉语建议行为时是否受某些社会因素影响，以受试人数为标准更具可行性。

由表可见，高级组对直接和间接建议策略的使用都会受到面子威胁程度的影响，和汉族情况相同。初中级组则不明显。

当面子威胁程度较弱时，少数民族学生直接建议使用频数都高于间接策略使用频数；当面子威胁程度较强时，高级组使用间接策略频数高于直接建议策略使用频数，而初中级组仍然保持不变。可见汉语程度的高低影响少数民族学生对面子威胁程度的敏感度。

（2）社会权势影响的考察

社会权势是指交际者之间相对的社会地位。我们选择了师生关系作为不平等的代表。社会权势包括两个层面：说话人地位低于受话人（"下对上"）和说话人地位高于受话人（"上对下"）。

表8　不同社会权势影响下直接建议和间接建议的使用频数统计

策略使用 / 受试	直接建议		间接建议	
	上对下	下对上	上对下	下对上
汉族(N=60)	39	25	21	35
少数民族 初中级(N=84)	49	39	35	45
少数民族 高级(N=85)	60	34	25	51

由表可见，在"上对下"的情景中，所有少数民族学生被试使用直接建议频数都大于间接建议使用频数；在"下对上"的情景中，情况相反。相比较而言，高级组学生对社会权势的敏感度更高。少数民族学生的这种受社会权势影响的策略使用倾向与汉语母语者情况相似。

（3）社会距离影响的考察

社会距离是指交际双方之间的亲疏熟识程度，我们对社会距离的考察主要从陌生、熟识两个层面进行，具体考察被试建议策略的使用是否受社会距离的影响。

表9　不同社会距离影响下直接建议和间接建议的使用频数统计

策略使用 / 受试	直接建议		间接建议	
	远	近	远	近
汉族(N=60)	22	45	38	15
少数民族 初中级(N=84)	59	76	25	8
少数民族 高级(N=85)	59	76	26	9

由表可见,初中级组少数民族学生和高级组学生在"陌生"和"熟识"两种不同社会距离下对直接建议和间接建议的使用并不存在显著差别。

在社会距离较"近"的情况下,少数民族被试都是直接建议策略的使用频数高于间接策略,与汉族相同;在社会距离较"远"的情况下,他们仍然保持不变,这又与汉族不同,但与社会距离较"近"的情况相比,直接建议策略的使用频数明显降低。

也就是说,初中级组和高级组都对"陌生"和"熟识"两种不同的社会距离有敏感度,但基本仍会选择使用直接建议策略。我们认为,这可能与新疆少数民族的性格有密切关系,维吾尔族为人热情、性格豪爽,说话方式直截了当,在"陌生"和"熟识"两种不同的社会距离下,鉴于提出的都是于对方有益的建议,因而都选用了直接建议的方式。

可见,在所考察的三个社会因素中,除了社会距离对少数民族学生使用建议策略的影响不明显外,社会权势和面子威胁程度都有显著影响。

四、结论

新疆少数民族学生实施汉语建议言语行为的特点及规律:

4.1　句法手段方面

从群体使用各句类的比例来看,在四大句类中,少数民族主要使用祈使句,其使用频率至少在60%以上,这是少数民族实施汉语祈使言语行为的一大特点。这与汉族相对均衡地使用各个句类不同,与留学生汉语学习者更倾向于使用陈述句的情况也明显不同。

4.2　直接建议和间接建议的使用方面

无论是初中级还是高级,少数民族直接建议使用频率均高于间接建议,与汉族的使用情况正好相反,这与留学生初级阶段间接建议使用频率更高的情况也不相同。这是少数民族实施汉语祈使言语行为的又一大特点。同样,随着学习时间的增加,少数民族学生对两种策略的使用也逐渐接近汉族;在间接策略微观考察方面,从总体上看,初中级阶段少数民族学生只使用了三种间接策略,而到了高级阶段则增加到四种了。策略 B(提供相关信息和评价)和策略 C(询问对方)两种间接策略,少数民族学生的使用频率都较高。

少数民族实施汉语祈使言语行为的这一特点或许可以从少数民族的文化中找到原因:维吾尔族和哈萨克族性格直爽豪放,待人热情,建议本身又是对听话人有利的指令性行为。所以在表建议时少数民族一般都会直言相告。

4.3　辅助修饰语方面

少数民族学生使用的辅助修饰语频数总体上低于汉族的使用频数,但是随着学习时间的增加,其使用数量会相应增加。与汉族相比,少数民族更喜欢使用的策略包括:策略 F(说明理由)和策略 K(呼唤语),这与留学生最喜欢使用的策略包括策略 F(说明理由)和策略 J(使用模糊限制语)也有不同。

4.4　社会因素影响方面

通过对拟设定的三个社会因素影响的考察,发现"面子威胁程度"和"社会权势"对少数民族学生直接建议和间接建议的使用存在显著影响,而"社会距离"的影响则不明显。这与留学生在实施汉语建议言语行为时明显受到"面子威胁程度"和"社会距离"影响,而几乎不受"社会权势"的影响也有明显差异。因此可以作为少数民族实施汉语祈使言语行为的又一大特点。

需要说明的是,两组少数民族学生都对"陌生"和"熟识"两种不同的社会距离有敏感度,但仍会在大多数情况下选择使用直接建议策略。这可能与新疆少数民族的性格有密切关系。

参考文献:

[1]顾曰国. John Searle 的言语行为理论:评判与借鉴[J].国外语言学,1994(3):1-8.

[2]索振羽.语用学教程[M].北京:北京大学出版社,2000:8-25.

[3]李圃. 现代汉语功能祈使句研究[M].乌鲁木齐:新疆人民出版社,2012:152-155.

[4]王霞. 日韩和东南亚留学生实施汉语建议言语行为的调查分析[D].广州:暨南大学硕士学位论文,2007:3-29.

[5]李圃. 祈使行为、祈使结构及祈使句[J].新疆大学学报,2013(4):132-135.

[6]李军.使役性言语行为分析[J].语言文字应用,2003(3):34-40.

[7]丁安琪.欧美留学生实施"建议"言语行为模式分析[J].语言教学和研究,2001(1):29-33.

[8]方志英.试析汉语建议言语行为[D].合肥:安徽大学硕士学位论文,2005:61-67.

(本文载《喀什师范学院学报》2015 年第 4 期)

附录2

（一）文中用到的缩略词

序号	缩略词	缩略词释义
1	CS	Communication strategy（交际策略）
2	CSs	Communication strategies（复数）（交际策略）
3	LS	Learning strategy（学习策略）
4	LSs	Learning strategies（复数）（学习策略）
5	EFL	English as a foreign language（作为外国语的英语）
6	L1	First/native language（第一语言，简称"一语"、"母语"）
7	L2	Second/target/foreign language（第二语言，简称"二语"）
8	L3	A language other than L1 or L2（除第一语言、第二语言外的其他语言）
9	SPSS	Statistical Product and Service Solutions（"统计产品与服务解决方案"软件）旧称 Statistical Package for Social Science（社会科学统计软件包）
10	SD	Standard Deviation（标准差,标准偏差,均方差）

续表

序号	缩略词	缩略词释义
11	Q	Question(问题,项目)
12	P值	P-Value,Probability,Pr(假设检验中的P值,即概率)
13	α系数	Cronbach's alpha Coefficient(克隆巴赫α系数,信度测量方法)
14	Pearson	Pearson相关性分析(correlation analysis)(皮尔逊相关系数,表示两者相关系数的大小)

(二)汉语交际策略调查问卷

汉语交际策略调查问卷

一、这一部分是为了了解学习者的基本情况,所有关于学生的信息只是用于研究。

姓名　　　　　性别　　　年龄　　　国籍
母语　　　　　班级　　　家庭所在地
学习汉语的时间　HSK的等级是
你的班级的汉语水平(□入门　□初级　□中级　□高级)
和你班上同学比,你觉得你的汉语水平怎么样(□很好　□好　□一般　□不太好　)
每周课外汉语学习时间(□0-2　小时/周　□2-4　小时/周　□4-6　小时/周　□6-8　小时/周　□8　小时以上/周)

二、下面是有关你说汉语时遇到的的一些问题。其中1=从不这样做　2=很少这样做　3=有时这样做　4=经常这样做　5=总是这样做。单选,请划上"√"。

减缩策略/ Reduction strategy(1—4)

1.说汉语时,如果我不知道适当的表达方式,我会放弃谈话,比如我会说:"算了,算了"。	1	2	3	4	5
2.如果我正在说话,一时不知道该怎么用汉语说,我会只说一两个关键词提示对方明白而不用一个完整的句子。	1	2	3	4	5
3.在交谈中我会放弃前一个较难话题转向另一个简单话题。	1	2	3	4	5

4. 如果对方的问题我不会回答,我会作与此问题完全无关的回答(答非所问)。	1	2	3	4	5

合作策略/ Cooperative strategy(5-6)

5. 我听不懂别人的话时,我也要求对方重复他所说的话。	1	2	3	4	5
6. 在谈话时如果我想不出适当的词,我会查词典(包括电子词典)。	1	2	3	4	5

母语或外语策略/ Mother tongue strategy(7-10)

7. 正在说话时,我不知道怎么用汉语说,我会使用自己的母语。	1	2	3	4	5
8. 如果我不知道适当的词,我会根据母语中的表达直接翻译成汉语的形式。	1	2	3	4	5
9. 与别人用汉语交谈时,一时不知道怎么用汉语来表达,为了能继续交谈,我会使用对方的母语以让对方明白。	1	2	3	4	5
10. 我和一起学汉语的同学说话的时候,一会儿说汉语,一会儿说自己的母语,或用其他外来语来表达(语码转换)。	1	2	3	4	5

目的语策略/ Target language strategy(11-17)

11. 当我无法说出某个词时,我会用其他的话对该词语进行解释或描述。	1	2	3	4	5
12. 不会的词用举例的方法表达,比如说,例如等等。	1	2	3	4	5
13. 当我想不出适当的表达方式时,我会说较为容易的词或近义词。	1	2	3	4	5
14. 在谈话时如果我想不出适当的词,我会根据当时的情况临时创造一个新词。	1	2	3	4	5
15. 当对方不明白时,我会重新组织话语让对方理解。	1	2	3	4	5
16. 如果我说的话对方听不懂,我会使用书面的形式,比如:写汉字、写拼音或画画。	1	2	3	4	5
17. 我会画画或者指身边的东西,告诉别人我的意思。	1	2	3	4	5

非语言策略/ nonlinguistic strategy(18-19)

18. 我会用手势,面部表情等表达自己的意思。	1	2	3	4	5

19.我会用肢体语言,动作等来让对方理解自己的意思。	1	2	3	4	5
检索策略/ search strategy(20-23)					
20.正在说话时,我会利用停顿给自己时间想一想这时的汉语该怎么说,比如我会说:"啊"或者"怎么说呢"。	1	2	3	4	5
21.我会停一会,想一下怎么说,停的时候不说话。	1	2	3	4	5
22.交谈时听不懂对方某些词,我会利用情景和自己所学知识来猜测对方的大概意思。	1	2	3	4	5
23.我想是什么时候学过这个词或者语法,然后说,这个词是课本第几课学过的,让对方帮我想起这个词。	1	2	3	4	5
三、请在每题后的五个数字中根据自己的想法选一个,其中: 1=坚决不同意 2=不同意 3=不确定 4=同意 5=坚决同意。单选,请划上"√"。					
24.我学汉语是因为想与中国人更好、更多地交流,想跟中国人交朋友。	1	2	3	4	5
25.学习汉语是因为我想更多地了解中国人的生活。	1	2	3	4	5
26.我想中国有一个很好的文化与习俗。	1	2	3	4	5
27.我想找中国男/女朋友,或者丈夫/妻子,最终移民到中国。	1	2	3	4	5
28.学习汉语是为了了解中国人的思维方式。	1	2	3	4	5
29.我学习汉语是因为旅游时,汉语有一定的帮助。	1	2	3	4	5
30.学习汉语是因为将来有工作提升的机会,以及很容易找到工作。	1	2	3	4	5
31.想看懂中国小说、报纸、杂志而学习汉语。	1	2	3	4	5
32.想听懂中国歌曲、电影、电视剧、戏曲等而学习汉语。	1	2	3	4	5
33.我学习汉语是为了通过HSK考试。	1	2	3	4	5
四、请在每题后的五个数字中根据自己的想法选一个,其中: 1=从不这样做 2=很少这样做 3=有时这样做 4=经常这样做 5=总是这样做。单选,请划上"√"。					
34.我学汉语时走神。	1	2	3	4	5
35.我学汉语时能排除干扰,坚持学习。	1	2	3	4	5

36.我学汉语时注意力比较集中。	1	2	3	4	5
37.上汉语课时我发现自己容易想一些与学习无关的东西。	1	2	3	4	5
38.我坚持做汉语功课。	1	2	3	4	5
39.我不能按时完成老师布置的汉语作业。	1	2	3	4	5
40.我课外抽出时间学习汉语。	1	2	3	4	5
41.我放弃需要时间较多的汉语作业。	1	2	3	4	5
42.我主动检查汉语学习效果,以便找出不足,加以改进。	1	2	3	4	5
43.我参加汉语活动。	1	2	3	4	5
44.我课外主动练习汉语。	1	2	3	4	5
45.我课外有汉语学习时间表。	1	2	3	4	5
46.我留意学习所看到和听到的汉语。	1	2	3	4	5
47.我设法弄懂课堂上不懂的东西。	1	2	3	4	5
48.无论老师要求严格与否,我能自觉地去学习汉语。	1	2	3	4	5
49.尽管主要专业课程任务较重,但我仍设法多花时间学汉语。	1	2	3	4	5

附录 2

(三)关于不同会话对象对交际策略的影响的记录表

调查提纲		
会话类型	□师生会话	□学生会话
会话人1	姓名	性别
	年龄	国籍
	母语	学习汉语时间
	HSK等级	

会话人 2	姓名		性别	
	年龄		国籍	
	母语		学习汉语时间	
	HSK 等级			
会话地点				
时间				
记录人				
会话时间:20 分钟				

本研究的调查目的是探索不同会话对象对交际策略的影响。本文以老师和不同背景的留学生为被试,收集其自然会话的语料,考察其交际策略的使用情况。

(四)关于汉语交际策略影响因素的访谈提纲

访谈记录			
访谈对象			
性别		年龄	
国籍		母语	
学习汉语时间		HSK 等级	
所在班级		所在学院	
地点		时间	
访谈人		记录人	
访谈时间:30 分钟			

本访谈的目的是为了进一步研究汉语学习者交际策略的影响因素,旨在深入了解学习者的汉语交际意愿,并对他们的汉语交流想法与意见进行了解和分析,从而进一步分析各种因素对汉语交际策略的影响作用。通过访谈,在了解学生学习汉语的目的上,积极启发和培养学生汉语交际策略,帮助学生更加有效地学习汉语。

访谈问题:
1.你为什么学习汉语呢?
2.你了解汉语交际策略吗?(在说汉语时会使用一些小方法、小技巧吗?)
3.你认为说汉语时有必要使用汉语交际策略吗? 为什么?
4.你认为说汉语时影响交际策略的因素是什么? 为什么?

(五)不同会话对象对交际策略的影响的
相关会话实录

会话实录

会话实录1:师生会话

会话一:
1　丽莎:老师好。
2　老师:你好,欢迎你来到中国,你先简单说说自己吧。
3　丽莎:好的。我是丽莎,我的英文名字是Lisa。我来自于俄罗斯,我喜欢跳舞,跳舞就是dancing,像这样,扭扭腰呀,哈哈,哈哈(用手比划跳舞的样子)。我希望学好汉语,交好多好多朋友。(母语或外语策略、非语言策略)
4　老师:呵呵,你跳起舞来真好看,你可以加入学校里的舞蹈协会,认识更多的人。
5　丽莎:舞蹈协会? 协会? 是干什么的呀,是不是比赛呀?(检索策略)
6　老师:呵呵,不是比赛啦,这个舞蹈协会是学校里的社团,是由许多喜欢跳舞的学生自愿组成的一个小小的团体,社团里有很多丰富多彩的联欢活动、娱乐节目等。(目的语策略)
7　丽莎:哦,我好想去看看哟。
8　老师:你可以关注一下,多了解一下,想好了,再去申请加入。
9　丽莎:好的,谢谢老师。
10　老师:不客气。

会话二：

1　塔茨娅娜:老师,那个good　luck　怎么说呢? 祝你……(母语或外语策略)

2　老师:祝你好运!

3　塔茨娅娜:嗯,对的。还有没有别的意思呀?

4　老师:有呀,还有祝你一路顺风,好运气,当幸运来敲门,鸿运当道等多种意思。(目的语策略)

5　塔茨娅娜:额,一个英文词可以对应多个汉语意思,好神奇呀。

6　老师:是的,汉语博大精深,需要好好钻研。

7　塔茨娅娜:嗯,学的越多,懂得越多。

8　老师:好样的(向上伸大拇指,表示赞扬)。(非语言策略)

9　塔茨娅娜:呵呵,谢谢老师夸奖。

10　老师:不客气。

会话三：

1　老师:你作业写了没?

2　艾肯:我不写。(减缩策略)

3　老师:错了,正确的说法应该是"我没有写"。

4　艾肯:啊? 有区别吗?

5　老师:当然有了。"不"用于主观意愿,"我不写"表示不愿意写作业。"没有"是客观叙述,"我没有写"表示没有完成作业。(目的语策略)

6　艾肯:哦,哦,这样呀。

7　老师:还有一点,比如说,它们都是否定词,但语气不同,"不'的口气更坚决。(目的语策略)

8　艾肯:哎哟妈呀,好麻烦呀!

9　老师:不麻烦,只要弄懂了就好了。

10　艾肯:嗯,嗯,好的。

会话四：

1　老师:请用"陶醉"一词造句。

2　大卫:呃……呃,"听说他陶醉了我的姐姐"。

3　老师:哈哈哈。句子错了。

4　大卫:啊? 什么? 错在哪里了呀,老师。(合作策略)

5　老师:"陶醉"是忘我地沉浸于某种情境中,比如思想,音乐等。这属于搭配错误。(目的语策略)

6　大卫:哦,哦,原来如此呀。那怎么造句呢?(合作策略)

7　老师:可以说"那音乐令人陶醉"或者"他吸引了我的姐姐"等等。(目的语策略)

8　大卫:噢噢,我懂了,那我也造一个,"我陶醉在歌声中"。对吗,老师?

9　老师:bingo,答对了,太好了。(母语或外语策略)

10　大卫:哈哈,哈哈。

会话五:
1 萨莉亚:老师,上星期我和朋友出去逛街了,看到好多好玩的东西哟!
2 老师:真的呀,那你都买了些什么呀?
3 萨莉亚:我就买了个插笔的圆圆的长长的盒子(一边描述一边用手比划形状)。(目的语策略、非语言策略)
4 老师:你说的是笔盒或笔筒吧。
5 萨莉亚:嗯嗯,是的,就是笔筒。我有很少钱,不能买贵的东西。(减缩策略)
6 老师:句子错了,应该改正为"我的钱很少,不能买贵的东西"。
7 萨莉亚:Why? Tell me why?(母语或外语策略)
8 老师:"有"是动词,表示领有、具有,跟名词结合有程度深的意思,如有钱、有福等等。但"有"不能跟表示程度浅的形容词"很少"连用,搭配不当哟。(目的语策略)
9 萨莉亚:哦,原来是搭配错误哦。
10 老师:是的。

会话六:
1 老师:古丽,这些天都在哪儿呀?
2 古丽:新疆的天气太冷,使我这几天待在宿舍里。
3 老师:句子错了,应该说成"新疆的阴冷的天气使我待在宿舍里"。
4 古丽:啊? 老师,是不是"使"字的用法不对吗?(合作策略)
5 老师:嗯,句子主语残缺。"新疆的天气太冷"是一个句子,不能作"使"的主语。另外,使令动词一般用在兼语句中。因此"我"后需要加上动词"待"。(目的语策略)
6 古丽:哦,好吧。老师,除了用动词"待"还能不能用其他的呀?(合作策略)
7 老师:能啊,还能用"留","新疆的阴冷的天气使我留在宿舍里"。"待"和"留"是近义词。(目的语策略)
8 古丽:啊哈,区别好大呀。
9 老师:记住了吗?
10 古丽:嗯,记住了。

会话七:
1 老师:嗨! 最近怎么样呀?
2 伊万:嗨,挺好的呀! 最近我对电脑特别感兴趣,我经常和同学一起去上网,我现在的电脑水平也提高了,我还可以教别人呢。
3 老师:话说你这一句话用了4 个"我"字,你是不是很喜欢用主语"我"呀!
4 伊万:呃,我不留意就说出来了,老师,这样用不对吗? 有什么问题吗?(合作策略)
5 老师:其实也不是什么大问题,就是主语"我"重复累赘,应删除,一般一个句子一个主语哦。(目的语策略)
6 伊万:好的,那我以后就少说几个"我"字了。
7 老师:嗯,我们班的那个彼得好像也挺喜欢电脑的,我经常看到他抱着电脑书。
8 伊万:啊哈,太棒了。
9 老师:你们可以相互交流,多沟通一下。
10 伊万:好呀,我下次约他。

会话八：

1　迈克：老师，刚才课堂上说的那个"风水"是什么意思呀?(合作策略)

2　老师：风水是一门玄学，主要是顺应自然，人与自然和谐相处。(目的语策略)

3　迈克：哦，我还是不太明白。那"风水"是"迷信"吗?(合作策略)

4　老师：不是，"风水"是一门学科，要用科学的眼光和态度看待"风水"。"迷信"是不科学的。两者不一样。(目的语策略)

5　迈克：哦，好吧，我看《盗墓笔记》那些盗墓贼根据风水挖坟墓，一个比一个挖的准确，可好玩了。(减缩策略)

6　老师：中国古人建造坟墓是依据地势、山水和墓葬习俗，所以盗墓贼根据风水判断位置，很是狷獗。

7　迈克：额，我听着就来劲了，对风水更感兴趣了。

8　老师：你可以关注一下中国风水文化，多了了解中华民族优秀的传统文化。

9　迈克：好呀，谢谢老师了。

10　老师：没事，不客气。

会话九：

1　米娅热依：老师，我恐怕宿舍里的蟑螂。

2　老师："恐怕"搭配不当，应该说成是"害怕"。

3　米娅热依："恐怕"就是"I'm afraid"，书上"afraid"的注释也是"恐怕"呀，怎么回事呀?(询问合作策略)

4　老师：你是根据英文意思来记忆中文，算是一个学汉语的好策略，但是这样会出现偏误，"恐怕"是副词，是对某一事物情况的估计猜测的语气，有"大概""也许"的意思，放在句中不合适。(目的语策略)

5　米娅热依：哦，"恐怕"我懂了一点点，那"害怕"一词呢?(合作策略)

6　老师："害怕"是心理动词，表示遇到困难危险的时候内心的畏惧状态。如我害怕蟑螂、我害怕走夜路等。(目的语策略)

7　米娅热依：噢噢，懂了。

8　老师：额，不要担心，蟑螂不可怕，买点蟑螂药杀杀，特别有效。

9　米娅热依：好的，我知道了。

10　老师：嗯嗯，加油。

会话十：

1　老师：今天我们讲汉语学习过程中的常见错误，请先说一下"上"字的常用搭配词语。

2　阿莱克塞：老师，是两字词语，还是多字词语呀?(合作策略)

3　老师：都可以，只要是搭配都可以的。

4　阿莱克塞：上车、上自习、上楼梯、上本科生、上三年级……

5　老师：很好，除了"上本科生"，其他都是正确的。

6　阿莱克塞：啊?"上本科生"哪里错了呀?(合作策略)

7　老师：有空多看看书，教材中没有出现动宾搭配，属于搭配不当，正确说法应该是"上本科"或者"给本科生上课"等。(目的语策略)

8　阿莱克塞：额，原来如此呀。

9　老师：要以教材中的搭配为范例，利用自己学的知识，组合出正确的词语搭配。

10　阿莱克塞：好的，老师。

会话实录2:学生会话

会话十一:
1 艾伯特:你喜欢中国菜吗?
2 奥尔丁顿:喜欢呀,可喜欢了。我来中国以后都胖了一大圈了。
3 艾伯特:真的吗? 菜是好吃,可是为什么我来中国以后瘦了好多呀。
4 奥尔丁顿:really? 呵呵……(母语或外语策略)
5 艾伯特:我都是自己在宿舍做中国菜的,你呢?
6 奥尔丁顿:噢,怎么说呢,我做不好菜,也不会做。(检索策略)
7 艾伯特:下次你来我宿舍,我们一起做菜吧,我教你哦。
8 奥尔丁顿:好呀,好呀,太好了。
9 艾伯特:那就这样说定了,下次不见不散。
10 奥尔丁顿:OK,OK啦(用手比划出OK的手势)。(母语或外语策略、非语言策略)

会话十二:
1 安东尼娅:你是不是认识查理?
2 贝诺克:嗯,认识呀,个子高高的(用手比划高度)。(非语言策略)
3 安东尼娅:他跟我是同一个老师,他讲他认识你呢。
4 贝诺克:嘿嘿嘿,我谁都不认识,但大家都认识我,呵呵呵。
5 安东尼娅:额,那挺好的呀!
6 贝诺克:为啥?
7 安东尼娅:说明你的朋友比较多。
8 贝诺克:我不喜欢人家都知道我,认识我。哈哈哈哈。我想偷偷地,那个,生活嘛。我想低……低……低调一点。(目的语策略、检索策略)
9 安东尼娅:哦,为什么?
10 贝诺克:算了,算了,不说了。(减缩策略)

会话十三:
1 露娜:你好
2 凯特:你好,你住在哪?
3 露娜:我住家里,你呢?
4 凯特:我住留学生公寓。
5 露娜:留学生公寓? 额……额……是那个红湖旁边的那个……红色的房子吗?(检索策略)
6 凯特:对对对,就是那个,下次有空来找我玩哦。
7 露娜:好呀,你也可以来我家里玩,我给你做饭吃哦。
8 凯特:嗯嗯,一言为定。
9 露娜:我有点事,先走了,Byebye。(一边说,一边挥手)(母语或外语策略、非语言策略)
10 凯特:Bye。(边说边挥手作别)(母语或外语策略、非语言策略)

会话十四:

1　贝丝:班长,道格拉斯今天因感冒病了,因此就请假没来上课。

2　凯瑟琳:好的,我知道了。你刚才的句子说错了,有点小问题。

3　贝丝:啊? 没问题呀? 错在哪里呀?(合作策略)

4　凯瑟琳:"因"和"因为"的区别没分清楚。

5　贝丝:啊! 上次我在课堂上问李老师两者的区别,老师说区别不大,还说"因为"可以和"所以"搭配使用,而"因"不能和"所以"搭配呀。

6　凯瑟琳:没错,但是李老师也强调过,"因"和"因为"最大的区别在于,"因为"可以连接成分,也可以衔接句子,而"因"则不行。

7　贝丝:额,好吧。学一半,懂得一半,知道的也不全面,真害人呀。(目的语策略)

8　凯瑟琳:嗯,你是想说一知半解吧。(检索策略)

9　贝丝:是的,一时半会想不起来啦,谢谢班长大人了。

10　凯瑟琳:呵呵,不客气哟。

会话十五:

1　克拉梅沙:迪莉娅,我上次给你发的课表信息,你怎么没有回送短信呀?(目的语策略)

2　迪莉娅:啊? 回送短信? 是不是往回发送短信呀,你想表达的应该是回复短信吧。回送短信是生造词。(检索策略)

3　克拉梅沙:唉,是的,我说错了。

4　迪莉娅:呵呵,你创造新词的能力挺强的呀。

5　克拉梅沙:别笑话我了,还不是你不给我回信息,让我干着急。

6　迪莉娅:I'm sorry! I'm so sorry! 对不起了!(母语或外语策略)

7　克拉梅沙:哼,这还差不多。

8　迪莉娅:呵呵,我下次一定立刻、马上回复你。

9　克拉梅沙:说到做到哦。

10　迪莉娅:好的。

会话十六:

1　道格拉斯:伊利克特拉,我们一块儿去吃午餐吧?

2　伊利克特拉:对不起,今天我很忙,我不会去。

3　道格拉斯:呃,你要说的是"不能去"吧,不是"不会去"吧?(检索策略)

4　伊利克特拉:啊? 什么呀? 我越发的不懂了,两者有区别吗?(合作策略)

5　道格拉斯:额,呃,怎么说呢? 我举个例子吧,"不能去"相当于英语中的"not be able to","不会去"则相当于"can't",前者是客观去不了,后者是主观不想去。(检索策略、目的语策略、母语或外语策略)

6　伊利克特拉:哦,汉语好复杂呀。

7　道格拉斯:一点都不复杂哟,"我不会去"就是自己做出的主观判断,"我不能去"表示有什么来约束"我"这个人所做的行为,导致我不得不妥协。

8　伊利克特拉:唉呀,算了,算了。(减缩策略)

9　道格拉斯:好吧,那你真的不和我一起去吃午餐了吗?

10　伊利克特拉:下次吧,这次我是真的忙。

会话十七：

1　菲尔丁:丽贝卡,你什么时候来了?

2　丽贝卡:来了? 来什么呀? 来哪儿呀?(合作策略)

3　菲尔丁:来上课呀。

4　丽贝卡:噢噢噢,你刚才的句子说错了,应该说是"你是什么时候到的"。(检索策略)

5　菲尔丁:"when did you arrive"就是"你什么时候来了"的翻译,没错呀?(母语或外语策略)

6　丽贝卡:是的,这是一种很典型的错误,汉语母语人士在这个情形下会说"你是什么时候到的"。

7　菲尔丁:为什么非要说"到的",而不说"来了"? 我觉得两者都可以呢。

8　丽贝卡:哎呀,我也讲不清楚。

9　菲尔丁:那要不我们直接去问老师吧。

10　丽贝卡:好的。

会话十八：

1　苏珊娜:哎,重大消息,听说露娜marry查理,真的吗?(母语或外语策略)

2　阿里努尔:是真的,露娜结婚查理,他们上周结婚的。

3　苏珊娜:不对,不是这样说。

4　阿里努尔:啊,我不懂,你再说一遍。(合作策略)

5　苏珊娜:不是某人结婚某人,而是某人和某人结婚。也就是说,露娜和查理结婚。(目的语策略)

6　阿里努尔:噢噢,这样呀。

7　苏珊娜:嗯,你下次讲这个词要注意哦。

8　阿里努尔:呵呵,这是老师讲的,还是书上写的,还是你自己的想法呀?

9　苏珊娜:这都不重要,你要记下来,可别闹笑话了。(减缩策略)

10　阿里努尔:好的。

会话十九：

1　齐默尔曼:我喜欢画画,我喜欢的画家有Da Vinci、Van Gogh、Monet,我喜欢学习他们的画法。你呢?(母语或外语策略)

2　温莎:我只喜欢看画,但是我不太会画,因为太难了。

3　齐默尔曼:呵呵,其实一点儿也不难,我可以教你的,就像这样:第一步,草图,先画出轮廓线,然后………(拿笔在纸上画画,一边画画,一边讲解)。(目的语策略、非语言策略)

4　温莎:噢耶,太神奇了。

5　齐默尔曼:很简单的,你要学吗?

6　温莎:额,我,那个,画画的草纸好贵的哦。(减缩策略)

7　齐默尔曼:没事画纸是可以批发的,很便宜。

8　温莎:呃,这个,那个,到饭点了,我们先去吃饭饭吧。(减缩策略)

9　齐默尔曼:哎呀,懒得说你了。

10　温莎:呵呵,噗啦噗啦(嘟嘟嘴,扮鬼脸,哈哈大笑)。(非语言策略)

会话二十：
1　西蒙斯:Sorry！我破了你的杯子。(母语或外语策略)
2　韦斯利特:错了。
3　西蒙斯:我知道错了，很对不起！
4　韦斯利特:唉，不是这个，我说的不是你错了。
5　西蒙斯:额，什么呀?(摸摸头，皱皱眉，一脸的不理解)(非语言策略)
6　韦斯利特:我是说句子错了。正确的说法是"我打破了你的杯子"。
7　西蒙斯:啊？不就多一个"打"字，"打"和"打破"不是一样吗？你是不是怪我了，我会赔你杯子的。
8　韦斯利特:不是，我不是这个意思，你理解错了。
9　西蒙斯:我错了，我明天就去买一个新的杯子给你。
10　韦斯利特:哎呀，算了，算了，就此打住，不要买了，以后也不要再说这事了。(减缩策略)

（六）母语环境和二语环境下的汉语交际策略对比的相关会话实录

话题:谈一谈最近的一次购物

1.汉语口语水平不好的哈萨克族男生:我在网上购物，第一次，嗯，也是最后一次网上购物，当时受骗的原因就是，因为实物的照片太漂亮，价格太便宜，想想两件物品，同样的30块钱，照片上的和实物差异特别大，也特别□(用哈萨克语)。从此以后，我再也不在网上购物了，在网上购物确实要注意，实物和照片上的差异，一定要谨慎。还有的就是，特价的时候一定不要欺骗(应该是被欺骗)，嗯，被欺骗一定要谨慎，这就是我的经历。

2.汉语口语水平中等的哈萨克族女生:暑假的一天，呃，我正好，正好我和妈妈去购物，正好赶上了赶集。我们村那边的赶集，通常说巴扎，这个巴扎对我们来说，对很多人来说，很陌生，但是大巴扎，从巴扎上购物很快乐。我和妈妈，嗯，连忙去了我们家最附近的大巴扎，摆摊上摆出了很多东西，呃，让人眼花缭乱,呃,水果,呃,水果的香味扑鼻,漂亮的衣服挂在了墙上,嗯,有的在一边喊自己的衣服漂亮,有的在一边边喊边卖,旁边有人在,呃,讨价还价,呃,我们从巴扎里面买了很多日用品,价格又便宜,特别实用,嗯,价格也很划算,虽然不是在大市场,嗯,超级市场的那么好,但是挺适合我们的使用,嗯,这一天我和妈妈走遍了整个赶集,嗯,还买了很多很多的物品,在一家店买了,嗯,圆圆的,里面有肉(她说的是肉夹馍),我不知道汉语怎么说,我很喜欢吃,我还喜欢吃串串里面那种白色的,有孔的菜(她想说"莲藕"这个词)。虽然很累,但是购物的欢乐,嗯,购物的乐趣真的让人,嗯,更加快乐。我和妈妈带着大包小包赶回家。

3.汉语口语水平好的哈萨克族女生:上高中的时候,我每次用电脑上淘宝,买一些自己穿的衣服,嗯,上了大学以后,我一直用的是手机淘宝,然后这次五一回家的时候,想给家人买个礼物,然后上了街,给哥哥买个(T恤),想给哥哥买个T恤,然后没找到合适的,嗯,为了舒适,我就上了手机淘宝,看中了一个T恤,我看了一个T恤,一看就是很好看,就是我哥哥平时喜欢穿的那种,我就看价格是98块钱,然后看了下面有同样的照片,我看了价格就是28块钱,5毛钱,(她想表达28块五毛钱),然后我就跟卖家聊了,卖家说,你们能不能到新疆发货,他说能发的,然后我就拍下来了,嗯,过了好几天,嗯,三四天吧可能,然后我就,时间长了以后给卖家说,时间这么长还没到吗,卖家又说,新疆有点远,所以三到五天,我就说行吧,我等了,嗯,过了三或四天,我就收到了个短信,说有一个淘宝评论到了,我就去拿了。到了宿舍一看,就是质量太差,我以为质量肯定会好的,那边看的是八十五块钱的,然后我就说这是特价,跟卖家说,质量咋这么差。卖家就跟我说,你买的东西价格就是比较低,质量就那么点儿,

我就说,早知道我就买那个八十多块钱的,嗯,就那样,我就嗯,
亏了。

4.汉语口语水平中等的维吾尔族男生:上次我去了南门的
服装专卖店,我想买一双篮球鞋,里面的销售员的服务态度特别
好,然后他为我介绍新款的特别好的一些篮球鞋。我看了看,看
上了一双特别好看的,质量也不错的一双篮球鞋,他拿来我,然
后我,呃,试穿了,试穿的时候,觉得特别舒服,大小也可以,颜色
也特别好,然后我买回来的时候,还没注意,它的一双是有点小,
一双是有点大,我也没注意过这样的事情,嗯,我也没遇到过,然
后我又去了一趟,跟那个销售员说了,他的服务态度也是和上次
一样,特别好,然后他又没生气。我说了这些情况以后,他给我
换了鞋,然后我跟他开玩笑说,我先这里试穿,然后再□(维吾尔
语),他也笑了,他也同意,然后我穿了,呃,穿前看了鞋子的号
码,两只是一样的,这一双□(用的维吾尔语)的篮球鞋,这是我
□(用维吾尔语)的一段经历中,难买的一双鞋吧。我买鞋的过
程没有遇到过这样的事情,然后专卖店也有这样的情况嘛,从来
没有遇到过,这次有趣了,可是没遇到过这样的事情,呃,这是特
别有趣的事了。

5.汉语口语水平好的维吾尔族女生:购物让我突然想起小
时候的一件事,呃,像我妈妈,在我小时候,我妈妈总是不让我做
家务事,总是她一个人承担家里的事。原因一是因为她怕我做
不到,第二是她为了我的学习,总是不让我去做家务活,总是她
自己去做,然后买菜买东西,都是她自己一个人去买的,都不会
让我去做。然后有一次,嗯,应该算是第一次,她正忙着在做饭,
所以就下不去买东西了,她看到家里没醋了,就让我下去买醋,
就在超市里买,然后我就很随便地出去,就觉得那是特别简单的

事。我就出去买了一个，却没看字，就买了一个，我竟然买了酱油，然后我想去给妈妈提那个袋子，给她送过去，她居然看那个，酱油，嗯，她都笑起来了，都说让我没做事，做成这样了。我也笑得停不下来，让我买醋，竟然买了酱油，这是一个令我很难忘的购物，也是平生第一次购物，也是我最高兴的一次，很好玩。

6.汉语口语水平中等的维吾尔族女生：这是我上大学以来，如果我有空就到学校外面逛一逛有什么好看的或者有什么好处的，就这样我特别喜欢逛街，嗯，我们，嗯，在乌鲁木齐有小西门，还有南门，都卖我们穿的那种休闲，比较年轻人合适穿的，所以那个南门离我们学校很远，嗯，小西门很远，南门没有那么远。一有空就去南门看一看，有什么好看的，如果有好看的，那我就买下来。衣服，嗯，如果箱子里有很多衣服，我还想继续买衣服，我也不知道怎么回事，反正我一有钱就买衣服，其他的同学或者朋友，他们都叫我，嗯，购物狂。我觉得我没有那么严重，还有一次我去南门，想买件外套，可逛了好长时间，还没看好，所以我又去了小西门，小西门那边也没有什么好看的，所以我不知道，嗯，我不知道该买哪种的外套，所以就直接买了一个牛仔□（维吾尔语），可牛仔□（维吾尔语）质量也不是，没那么好，就是很便宜的那种嘛，所以还可以穿一两个月。可我那时候给老板钱的时候，我给他的是一百，他还没给我找五十块钱，我就走了，然后回校以后我才发现，我又回去找他，他不肯承认，一直在说，我已经给过你五十块了，我已经找过你钱了，然后我也没说别的，其他人都问我说，你为什么不跟他大呼，嗯，大叫大喊，应该把五十块拿回来，我觉得没必要了，那个，嗯，反正我自己不注意那些，所以怕上当了，以后我要多多注意。

参考文献：

学术著作：

［1］Bialystok.CommunicationStrategies：A Psychological Analysis of Second Language Use［M］. Oxford：Basil Blackwell,1990.

［2］Brown,H.Douglas. Principles of Language Learning and Teaching［M］. Beijing：Foreign Language Teaching and Research Press. 2002.

［3］Ellis,R.,Understanding Second Language Acquisitian［M］,OUP.1986.

［4］Ehrnam, M. &Oxford, R. Adult Language Learning Style and Strategies in an Intensive Training Setting［M］. Modern Language Journal,1990.

［5］Farech&Kasper.Strategies in Interlanguage Communication［M］.London：Longman Pub Group,1983.

［6］Oxford,R.L & Ehrman,M.E. Adults′ Language Learning Strategies in an Intensive Foreign Language Program in the United States［M］,System,1995.

［7］O'Malley J.M. & Chamot A.U. Learning Strategies in Second Language Acquisition［M］.Cambridge：Cambridge University Press,1990.

［8］Poulisse.The Use of Compensatory Strategies by Dutch Learners of English［M］. Dordrecht：Foris,1990.

［9］Wenden&Rubin,Learner Strategies in Language learning［M］,Prentice-Hall,1987.

［10］Savignon,S.Communicative Competence：Theory and Classroom Practice［M］. Reading,Mass：Addison Wesley,1983.

［11］Stern,H.H.Fundamental Concepts of Language Learning［M］,Oxford：Oxford University Press,1983.

［12］戴炜栋,任庆梅.外语教学与教师专业发展[M].上海：上海外语教育出版社,2006.

［13］高鹏.英语口语话题大全[M].大连：大连理工大学出版社,2006.

［14］郭继东.中国EFL学习者过渡语交际策略研究[M].国防工业出版社,2012.

［15］郭熙.中国社会语言学[M].南京：南京大学出版社,2003.

［16］桂诗春.新编心理语言学[M].上海：上海外语教育出版社,2000.

［17］洪丽芬.马来西亚汉语学生与教师的交际策略探讨[M].北京：北京大学出版社,1997.

［18］江新.对外汉语教学的心理学[M].北京：教育科学出版社,2007.

[19]李晓琪.汉语第二语言教材编写[M].北京:北京师范大学出版社,2013.

[20]李珠,姜丽萍.怎样教外国人汉语[M].北京:北京语言大学出版社,2008.

[21]刘颂浩.第二语言习得导论——对外汉语教学视角[M].北京:世界图书出版公司,2007年12月.

[22]刘珣.对外汉语教育学引论[M].北京:北京语言大学出版社,2000年.

[23]刘珣.汉语作为第二语言教学简论[M].北京:北京语言文化大学出版社,2002.

[24]秦晓晴.外语教学问卷调查法[M].北京:外语教学与研究出版社,2009年7月.

[25]秦晓晴.外语教学中的定量数据分析[M].武汉:华中科技大学出版社,2003.

[26]沈庶英.对外汉语教材理论实践探索[M].北京:北京语言大学出版社,2012.

[27]束定芳,华维芬.中国外语教学理论研究[M].上海:上海外语教育出版社,2009.

[28]束定芳,庄智象.现代外语教学——理论实践与方法[M].上海:上海教育出版社,1996.

[29]孙德金.对外汉语教学课程论[M].北京:商务印书馆,2014.

[30]文秋芳.英语学习策略论[M].上海:上海外语教育出版社,2000.

[31]徐子亮.汉语作为外语的学习研究[M].北京:北京大学出版社,2010.

[32]张荔.交际策略研究及应用(英文版)[M].上海:上海交通大学出版社,2008年11月.

[33]赵金铭.对外汉语教学概论[M].北京:商务印书馆,2011.

[34]赵贤州、陆有仪.对外汉语教学通论[M].上海:上海外语教育出版社,1996.

[35]郑艳群.对外汉语教育技术概论[M].北京:商务印书馆,2012.

[36]周小兵.对外汉语教学导论[M].北京:商务印书馆,2009.

[37]周小兵,李海鸥.对外汉语教学入门[M].广州:中山大学出版社,2004.

学术期刊:

[1]Canale&Swain.Theoretieal Bases of Communicative Approaches to Sec-

ond Language Teaching and Testing[J].Applied Linguistics,1980(01).

[2]Liskin Gasparro.Circumlocution,Communication Strategies and the ACT-FL Proficiency Guide Lines:An Analysis of Student Discourse.Foreign Language Annals,1996.

[3]Tarone E. Some Thoughts on the notion of Communication Strategy [J]. TESOL,1981(15)285-295.

[4]陈思箐.A Study of Communication Strategies in Interlanguage Production by Chinese EFL Learners[J].Language Learning,1990.

[5]戴炜栋,束定芳.外语交际中的交际策略研究及其理论意义[J].上海外国语大学学报,1994(06).

[6]高海虹.交际策略能力研究报告——观念与运用[J].外语教学与研究,2000(01).

[7]郭继东.二语交际策略实证研究40年:回顾与展望[J].中国应用语言学(季刊),2011(4).

[8]何莲珍,刘荣君.基于语料库的大学生交际策略研究[J].外语研究,2004(1).

[9]汲传波.对外汉语口语教材的话题选择[J].云南师范大学学报,2005(6).

[10]姜蕾.基于教材分析的"中学交际话题表"编写设想[J].语言教学与研究,2013(2).

[11]江新.汉语作为第二语言学习策略初探[J].语言教学与研究,2000(01).

[12]孔京京.关于非英语专业研究生交际策略使用情况的研究[J].中国英语教学(双月刊),2006(2).

[13]孔京京.开展交际策略教学的一项研究[J].外语界,2004(5).

[14]李丽丽.在对外汉语教学中培养学生的口语交际能力[J].云南师大学报,2005(01).

[15]李丽娜.关于留学生汉语学习策略的调查报告[J].汉语学习,2004(01).

[16]李彦霖,王萍丽.非母语者汉语交际策略个案研究[J].汉语国际传播研究,2014(1).

[17]林意新,李雪.一项影响交际策略使用因素的实证研究[J].外语学刊,2009(146).

[18]梁云,史王鑫磊.新疆少数民族理科生汉语交际策略研究——以新疆师范大学理科实验班为例[J].新疆师范大学学报(哲学社会科学版),2010

(04).

[19]林意新,李雪.一项影响交际策略使用因素的实证研究[J].外语学刊,2009(01).

[20]刘乃美.交际策略研究三十年:回顾与展望[J].中国外语,2007(09).

[21]刘乃美.交际策略研究对我国外语教学的启示[J].外语界,2005(03).

[22]刘珊珊.来华汉语学习者课堂会话交际策略调查[D].暨南大学硕士研究生论文,2013年5月.

[23]刘颂浩.交际策略与口语测试[J].世界汉语教学,2002(02).

[24]刘炎.中级水平韩国留学生汉语口语交际策略研究[D].华东师范大学硕士研究生论文,2009.

[25]刘鹏,朱月珍.交际策略的使用与性格的关系[J].三峡大学学报(人文社会科学版),2001(5).

[26]刘颂浩,钱旭菁,汪燕.交际策略与口语测试[J].世界汉语教学,2002(2).

[27]罗青松.外国人学习汉语过程中的回避策略分析[J].北京大学学报,1999(06).

[28]孟冬.交际策略运用对比研究[J].教育理论与实践,2005(06).

[29]王金安.英语交际策略教学实践的研究[J].四川外语学院学报,2008(5).

[30]王立非,文秋芳.英语学习策略培训与研究在中国——记全国首届英语学习策略培训与研究国际研修班[J].Foreign Language World,2003(06).

[31]王立非.国外第二语言习得交际策略研究述评[J].外语教学与研究,2000(2).

[32]王立非.大学生英语口语课交际策略教学的实验报告[J].外语教学与研究,2002(6).

[33]王若江.特殊目的汉语教学实践引发的思考[J].语言教学与研究,2003(01).

[34]王艳.学习者的第二语言程度和性格差异对交际策略选择的交互影响[J].外国语言文学,2002(04).

[35]吴勇毅.汉语学习策略的描述性研究与介入性研究[J].世界汉语教学,2001(04).

[36]邢红兵.留学生偏误合成词的统计分析[J].世界汉语教学,2003(04).

[37]徐子亮.外国学生汉语学习策略的认知心理分析[J].世界汉语教学,2003(04).

[38]薛荣.论交际能力与交际策略[J].江苏工业学院学报,2004(4).

[39]闫丽萍,雷晔.汉语口语交际策略使用的差异性研究——以吉尔吉斯斯坦奥什国立大学汉语学习者为例[J].新疆师范大学学报(哲学社会科学版),2011(4).

[40]闫丽萍.新疆少数民族预科学生汉语学习兴趣的调查与分析[J].新疆职业大学学报,2004(3).

[41]杨艳,柯丽芸.对外汉语初级口语教材话题研究——以《汉语900句》和《汉语会话301句》为例[J].齐齐哈尔师范高等专科学校学报,2008(4).

[42]杨翼.高级汉语学习者的学习策略与学习效果的关系[J].世界汉语教学,1998(01).

[43]余千华,樊葳葳,陈琴.汉语学习者话题兴趣及其与对外汉语教材话题匹配情况调查研究[J].语言教学与研究,2012(1).

[44]战怡如.交际策略和对外汉语交际能力[J].黑龙江教育学院学报,2014(4).

[45]张黎.交际策略教学法研究[J].语言教学与研究,2011(02).

[46]张永胜,张永玲.交际策略与小组讨论[J].外语界,2003(02).

[47]张荔,王同顺.交际策略问卷信度和效度的研究[J].外语研究,2005(01).

[48]张荔,何小凤.交际策略的理论研究及其教学方法[J].上海交通大学学报(社会科学版),2002(3).

[49]张荔.交际策略的理论研究及教学方法[J].上海交通大学学报,2002(3).

[50]赵果,江新.什么样的汉字学习策略最有效[J].语言文字应用,2002(02).

[51]周雪.浅谈外语教材评估标准[J].外语界,1996(2).

[52]周震,丁文英.元认知理论结构下的交际策略[J].山东外语教学,2005(01).

[53]朱志平.1998-2008十年对外汉语教学教材述评[J].北京师范大学学报,2008(5).

学位论文:

[1]柴冉.初级水平留学生汉语口语交际策略与教学研究[D].上海师范大学硕士研究生论文,2014年5月.

[2]海坷.留学生汉语口语交际策略研究[D].上海:华东师范大学,2006.

[3]李睿.日本留学生汉语交际策略研究[D].北京语言大学,2008年5月.

[4]李彦霖.汉语作为第二语言的交际策略研究[D].中央民族大学专业硕士研究生论文,2013年4月.

[5]刘萍.来华自费与非自费留学生汉语学习动机及相关学习策略的对比研究[D].安徽大学,2013年.

[6]彭静,THIDA KASETKALA.汉语国际教育硕士泰国留学生的汉语学习动机调查研究——以重庆地区为例[D].重庆大学硕士研究生论文,2012年5月.

[7]向兰.韩国中高等汉语学习者交际策略研究[D].四川师范大学硕士研究生论文,2010年4月.

[8]闫丽萍,雷晔.吉尔吉斯斯坦奥什国立大学汉语学习者汉语口语交际策略调查研究[D].新疆师范大学硕士研究生论文,2010年6月.

[9]于晓日.留学生汉语交际意愿及其影响因素研究[D].南京大学博士研究生论文,2013年5月.

[10]张惠萍.新疆中亚留学生话题兴趣与教材话题匹配调查研究[D].新疆师范大学,2013.

[11]张雅楠.不同环境下的学习者汉语口语交际策略使用研究[D].华东师范大学硕士研究生论文,2010年3月.

论文集:

[1]李俊岩.第二语言中阅读中的已有知识和话题兴趣[C].第三届全国语言文字应用学术研讨会论文集,2004.

[2]杨丽姣,王宏丽.国际汉语教材编写:话题的选择与处理[C]."国际汉语教学理念与模式创新"国际学术研讨会,2010.

[3]祝畹瑾.社会语言学译文集[C].北京:北京大学出版社,1985(06).